北京文化创意产业功能区发展研究

北京市国有文化资产监督管理办公室　编著

中国经济出版社
CHINA ECONOMIC PUBLISHING HOUSE
·北 京·

图书在版编目(CIP)数据

北京文化创意产业功能区发展研究 / 北京市国有文化资产监督管理办公室编著.
北京:中国经济出版社,2014.6
ISBN 978-7-5136-3323-9
Ⅰ.①北… Ⅱ.①北… Ⅲ.①文化产业—产业发展—调查研究—北京市 Ⅳ.①G127.1
中国版本图书馆 CIP 数据核字(2014)第 139936 号

责任编辑 严 莉
责任审读 霍宏涛
责任印制 马小宾
封面设计 任燕飞设计室

出版发行 中国经济出版社
印 刷 者 三河市佳星印装有限公司
经 销 者 各地新华书店
开 本 710mm×1000mm 1/16
印 张 15.5
字 数 220 千字
版 次 2014 年 6 月第 1 版
印 次 2014 年 6 月第 1 次
书 号 ISBN 978-7-5136-3323-9
定 价 48.00 元
广告经营许可证 京西工商广字第 8179 号

中国经济出版社 **网址** www.economyph.com **社址** 北京市西城区百万庄北街 3 号 **邮编** 100037
本版图书如存在印装质量问题,请与本社发行中心联系调换(联系电话:010-68330607)

《北京文化创意产业功能区发展研究》编委会

前　言

当前，首都文化创意产业发展面临新的机遇和挑战。2014年2月，习近平总书记视察北京时进一步明确了首都“政治中心、文化中心、国际交往中心、科技创新中心”的城市战略定位，并要求坚持和强化首都核心功能，深入实施“人文北京、科技北京、绿色北京”战略，努力把北京建设成为国际一流的和谐宜居之都。习总书记的指示为强化首都全国文化中心作用，加快文化创意产业发展开辟了广阔空间。自2004年以来，北京市文化创意产业保持持续快速增长，已经发展成为首都重要的支柱性产业。2013年，全市文化创意产业增加值达到2406.7亿元，规模以上文化创意企业实现收入10022亿元，文化创意产业增加值占全市地区生产总值的比重为12.3%，占比在全国各省市中位居榜首。

但是，从整体来看，北京市文化创意产业发展还存在一些深层次矛盾。文化创意产业空间布局不尽合理，结构性矛盾依然存在；文化核心内容产业比重不高，区域发展同质化问题比较突出；加之受宏观环境影响，“十二五”时期全市文化创意产业增加值增速下滑趋势较为明显，占地区生产总值比重徘徊不前。为适应新形势，北京市在全国率先提出规划建设文化创意产业功能区的战略构想，拟按照“土地集约、产业集聚、功能集中”的原则，根据区域发展基础和资源禀赋，明确各自发展特色、功能定位及主攻方向，引导优化资源配置，推动错位发展，形成各具特色、合理分工、重点突出的文化创意产业空间布局，并辐射带动京津冀协同发展。

文化创意产业功能区建设是一项长期性、系统性和创新性的工作，需要加强研究、稳步推进。《北京文化创意产业功能区发展研究》一书由北京市国有文化资产监督管理办公室组织专家团队共同编撰完成，全书共有五个部分，十五章。第一部分“现状篇”，全面梳理了北京市文化创意产业发展基础、集聚发展现状和存在问题；第二部分“探索篇”，初步探讨了文化创意产业功能区发展的理论框架，剖析了北京市部分文化创意产业集群的发展实践；第三部分“借鉴篇”，总结了国内外文化创意产业集群的发展经验；第四部分“对策篇”，提出了北京文化创意产业功能区发展的顶层设计思路和对策建议；第五部分“视点篇”，从专家视角对文化创意产业功能区进行了解读，意在为政府部门、学界和业界研究者提供参考。

编　者

二〇一四年六月

目　录

第一部分　现状篇

第二部分　探索篇

第三部分　借鉴篇

第四部分　对策篇

第五部分 视点篇

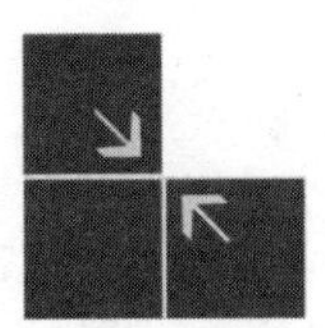

第一部分

现状篇

第一章　北京文化创意产业的发展现状

文化创意产业是以创作、创造、创新为根本手段，以文化内容和创意成果为核心价值，以知识产权实现或消费为交易特征，为社会公众提供文化体验的具有内在联系的行业集群①。文化作为一种上层建筑和意识形态，具有独特的发展规律，对国家和城市经济社会可持续发展有着广泛而深远的影响②。后危机时代全球经济变动正在驱动城市经济重构，各国的文化经济政策正是应对这种趋势的地方响应。培育和推动文化创意产业，不仅是北京市经济发展方式转变和经济结构调整的内在需求，也是政府适应新的发展形势和市场需求而做出的主动应对。北京作为全国政治文化中心，历史文化积淀深厚，科技和创新实力突出，具有发展文化创意产业的独特优势与先机③-④。经过多年发展，北京文化创意产业在总体规模、行业发展和区县特色等方面都取得了重要成绩，文化创意产业已经成为推动北京经济发展的支柱产业和增强首都文化软实力及城市综合竞争力的重要途径。

---

① 北京市统计局，国家统计局北京调查总队．北京市文化创意产业分类标准，2006.

② 汪明峰．文化产业政策与城市发展：欧洲的经验与启示［J］．城市发展研究，2001，8(4)：11-16.

③ 张雅丽，王遵瑛．英国、美国等国外创意产业对我国的启示［J］．兰州学刊，2010，196(1)：68-71.

④ 黄欢．北京文化创意产业集群化现状及发展［J］．重庆交通大学学报（社科版），2008，8 (5)：46-49.

第一节　北京文化创意产业面临的宏观形势

北京已进入经济社会调整的关键期，经济将会在波动中继续增长，经济结构继续调整，资源要素继续向第三产业转移。随着人们文化需求持续增加和政府文化经济政策的支持力度不断加大，结合首都文化资源和科技创新优势，北京市文化创意产业发展面临着难得的历史机遇，宏观环境进一步向好。

一、北京文化创意产业发展面临良好的经济形势

北京加速经济社会转型进入关键时期，要素资源继续向第三产业聚集，文化创意产业发展的经济环境进一步改善。根据北京市统计局初步核算，北京市2013年实现地区生产总值19500.6亿元，比上年增长7.7%，与全国平均增速持平，增速有所放缓。三次产业结构由上年的0.8∶22.7∶76.5变化为0.8∶22.3∶76.9，第二产业比重进一步降低，第三产业比重继续提升，表明资本、人才等资源要素继续向第三产业转移。按常住人口计算，全市人均地区生产总值达到93213元（按年平均汇率折合15052美元）。高技术产业实现增加值1327亿元，增长7%，占地区生产总值的比重为6.8%；生产性服务业实现增加值9811.8亿元，增长10.4%，占地区生产总值的比重为50.3%①。

文化创意产业是转变经济发展方式、促进第三产业转型升级的突破口。文化创意产业具有高融合性和良好经济增长潜能，是今后产业发展的重点之一。北京经济已经具有显著的“服务化”特征，第三产业占GDP的比重为76.9%，但鉴于服务业生产率增长相对低于制造业，寻找并大力

① 北京市统计局，国家统计局北京调查总队. 北京市2013年国民经济和社会发展统计公报［EB/OL］. 北京市统计信息网，2014－02－13.

扶持第三产业中具有增长潜能的行业具有非常重要的意义。

随着全市产业结构调整和空间重构，文化创意产业分布格局也将发生深刻变化。在经济全球化、知识经济和信息化的大背景下，技术创新和社会需求改变不断催生城市产业结构调整，并加快产业空间分异和重组。随着以制造业为主的第二产业向郊区转移和集中，在郊区及其周围地区将形成一批现代制造业中心或基地，而金融、保险及其他服务业将向城市核心区集中[①]，文化创意产业及其空间布局也将随之发生变化，有些行业将进一步集聚，有些行业将不断趋向分散。

二、北京文化创意产业发展面临良好的政策环境

顺应国家经济社会发展的宏观形势，十七届六中全会、十八大、十八届三中全会都提出了建设社会主义文化强国的宏伟目标，文化及文化产业的发展越来越受到重视。为贯彻党和国家发展精神，北京市委十届十次会议、十一届党代会、十一届二次会议、十四届人大一次会议等，提出加快建设中国特色社会主义先进文化之都，彰显全国文化中心示范作用的目标，为北京文化发展确立了路线图，以更好地提升首都城市的文化软实力，保障国家文化安全。

从国家层面而言，党的十七大以来，党中央、国务院高度重视文化产业发展，在文化强国战略的指导下，积极推动文化大发展、大繁荣。党的十七大明确提出，要积极发展公益性文化事业，大力发展文化产业。2009年国务院发布了《文化产业振兴规划》，认为在市场经济条件下，文化产业是繁荣发展社会主义文化的重要载体，是满足人民群众多样化、多层次、多方面精神文化需求的重要途径，也是推动经济结构调整、转变经济发展方式的重要着力点。并提出了文化产业发展的重点任务：包括发展重点文化产业，实施重大项目带动战略，培育骨干文化企业，加快文化产业

① 倪鹏飞，张天，赵峥．北京城市产业体系选择研究［M］．北京：社会科学文献出版社，2010：65－66．

园区和基地建设，扩大文化消费，建设现代文化市场体系，发展新兴文化业态和扩大对外文化贸易等。

2011 年中国共产党第十七届六中全会是我国文化产业和事业发展的重要里程碑。十七届六中全会提出到 2020 年将文化产业发展为国民经济支柱性产业，并出台了《中共中央关于深化文化体制改革、推动社会主义文化大发展大繁荣若干重大问题的决定》，第一次正式提出建设社会主义文化强国的奋斗目标。2012 年文化部发布了《“十二五”时期文化产业倍增计划》，提出了“十二五”时期文化部门管理的文化产业增加值至少翻一番的目标，努力推动文化产业成为国民经济支柱性产业。2012 年 11 月党的十八大报告指出扎实推进社会主义“文化强国”建设，增强全民族文化创造活力，加强社会主义核心价值观体系建设，全面提高公民道德素质，丰富人们精神文化生活，并提出增强文化整体实力和竞争力，推动文化事业全面繁荣和文化产业快速发展，促进文化和科技融合，增强文化机构和单位的活力。2013 年 11 月颁布的《中共中央关于全面深化改革若干重大问题的决定》进一步明确了文化强国战略，指出发展社会主义先进文化，推动社会主义文化大发展、大繁荣，建设文化强国，深化文化体制机制改革，增强国家的文化软实力。在文化强国战略指导下，文化产业发展得到各级政府的大力支持。

从北京市层面来说，北京市积极贯彻国家推动文化大发展大繁荣和建设社会主义文化强国的精神。2011 年在北京市委常委会召开的扩大会议上，时任北京市委书记刘淇提出“提高首都文化发展科学化水平，建设具有世界影响力的文化中心”。2011 年 12 月，北京市委十届十次全会通过了《北京市委关于发挥文化中心作用，加快建设中国特色社会主义先进文化之都的意见》，提出加快建设中国特色社会主义先进文化之都，至 2020 年把首都建设成为在国内发挥示范带动作用，在国际上具有重大影响力的著名文化中心城市。2012 年 6 月，北京市委第十一次党代会报告提出，今后五年要“加大首都文化改革发展力度，加快建设具有世界影响力的文化中心城市和中国特色社会主义先进文化之都”。2012 年 12 月，北京市委十一届二次会议指出，北京市在文化建设方面已经进入了推动文化大发展、大繁荣的阶段，文化事业不断改革创新，文化创意产业蓬勃发展。2013 年北京市人大十四届一次会议提出充分发挥全国文化中心示范作用，加快社会主义先进文化之都建设，至2020 年，初步建成有世界影响力的科技文化创新之城。这些会议的召开和文件的出台，都为北京文化创意产业的发展创造了良好的政策环境。

三、北京文化创意产业发展面临良好的市场机遇

根据发达国家经验，经济或金融危机是实现技术创新和产业升级转型的良好时机。随着工业型社会向服务型社会过渡，公众的精神文化消费需求将日趋旺盛，文化娱乐消费将呈加速发展态势。我国文化强国和扩大内需的发展战略为文化创意产业发展拓展了新的市场空间。

（一）我国扩大内需带来的巨大市场需求

扩大内需成为我国今后推动经济增长的关键内在动力。过去的十几年，中国经济的增长主要依赖于外需，成绩显著，外向型经济发展的贡献毋庸置疑。2007 年以来金融危机导致世界市场需求下降，依赖外需发展国内经济将难以实现，因此扩大内需将是今后我国经济发展关注的重点，其中扩大消费对经济增长具有长期性和基础性的带动作用。《中共中央关于制定国民经济和社会发展第十二个五年规划的建议》指出“坚持扩大内需战略，保持经济平稳较快发展”，提出加强和改善宏观调控、建立扩大消费需求的长效机制、调整优化投资结构。“十八大”报告提出了“提高居民收入在国民收入分配中的比重，提高劳动报酬在初次分配中的比重”，通过收入分配改革增加居民收入的总体水平和公平性，同时也提出至 2020 年城乡居民收入相对于 2010 年的倍增计划，为未来消费增长提供了坚实基础。

国内扩大消费将增加文化产业消费需求，从而拓展文化创意产业发展的空间和潜能。研究表明，相对于发达国家，我国的文化消费具有巨大的

增长潜力[①]，随着居民收入水平的提高，文化消费能力不断提升。2009年北京市人均GDP过万美元后消费结构出现了重大变化，处于文化消费的爆发增长期，文化消费需求持续增加。至2013年，北京人均GDP达到15052美元，依据世界银行划分各国贫富程度的标准，已达到中上等国家水平。总体而言，北京市的消费需求正在向享受型、个性化和奢侈型转变，消费结构的加速转型升级给文化创意产业提出了新的发展机遇。根据北京市统计局抽样调查，2013年北京市城镇居民人均家庭总支出40321元，同比增长10.6%，其中人均消费性支出26275元，同比增长9.3%，其中服务性消费支出8310元，增长19.2%；同期农村居民人均消费性支出达到13553元，增长14.1%。此外，北京是全国文化中心，随着全国人均收入增长，面向全国的文化产品市场空间也在不断拓展，为北京市文化创意产业发展提供了更为广阔的市场空间。中央政府在文件中多次强调“培育一批拉动力强的消费增长点”，文化创意产业是消费型产业，收入的增加为北京文化创意产业发展提供了契机，文化创意产业将成为拉动内需的一个重要增长点。

（二）随着中国崛起国际市场需求将不断增加

随着中国崛起，世界各地对中国的关注越来越多，对于中华文化产品和服务的需求在不断增加。国外一些跨国公司经常援用中国文化元素来创作国际化的文化产品。如迪士尼公司制作的动画片《花木兰》，用幽默、夸张、生动的形象再现了花木兰的英勇事迹，不仅征服了世界各地的观众，也征服了我国众多观众；美国梦工厂动画公司制作的《功夫熊猫》，是以中国功夫为主题的一部动作喜剧动画电影，具有浓郁的中国特色，故事的发生地在中国本土，故事的主角是具有中国特色、被正义化的熊猫大侠，在包括中国在内的全世界获得了良好的票房和影响。

世界对中国的关注将为中华文化产品和服务带来巨大的市场需求。据报道，海外学习汉语的人数近年来迅速增长，预计到2015年全球学习汉语

① 金元浦．目前我国文化产业发展最短的短板是消费［EB/OL］．中国经济网，2013－09－08.

的人数将超过2亿人①，汉语言学习人数增加为相关文化学习产品开发制作和培训活动提供了诸多商机。作为首都，北京是全国的文化中心，具有传扬中国文化、发展文化产业的独特优势。

第二节　北京文化创意产业发展整体情况

近年来，北京文化创意产业发展势头良好，产业规模持续扩大，效益进一步提高，就业同步增长，文化创意产品的消费能力持续提高，产业对外贸易继续扩大，引领着中国文化进出口增长。

一、产业规模持续增长，就业形势向好

2003年北京被列入文化体制改革试点，主要任务是发展文化企业，培育文化市场。2006年，北京开始大力推进文化创意产业发展，成立了市委书记刘淇亲自挂帅的市文化创意产业领导小组，建立了委办局协同作用、市区协调推进的工作机制，推出了一系列有力的扶持政策，为文化创意产业发展奠定了良好的基础。与金融业相比，2004—2011年文化创意产业增加值年均增速为19.5%，高于金融业的年均增速17.6%②。

“十一五”时期以来，北京市文化创意产业高速增长，文化创意产业增加值占GDP的比重从2005年的9.7%提高到2012年的12.3%（图1-1），稳居第二支柱产业地位，继续领跑全国③。2012年北京文化创意产业营业收入突破1万亿元，实现增加值2205.2亿元，比2011年增长10.8%，增速明显下降，但依然高于GDP增速0.8个百分点。全年文化创意产业资产总计达到15575.2亿元，实现收入合计10313.6亿元。

① 朱伟华. 2013年海外学习汉语人数将达1.5亿［EB/OL］. 光明网，2012-09-06.

② 王国华，张京成. 北京文化创意产业发展报告（2012）［M］. 北京：社会科学文献出版社，2013.

③ 文化创意成北京支柱产业，占前九月GDP比重12.9%［N/OL］. 千龙网，2012-11-29.

北京市文化创意产业的就业人数持续增加，就业总规模居于全国首位。2006 年以来，北京市文化创意产业就业人数占全市第三产业和就业总人数的比重均不断提高，2012 年平均吸纳就业总人数达到 152.9 万人，比 2011 年高出 12 万人，就业形势持续向好，不仅解决了大量人口的就业问题，也有效优化了北京市的就业结构。

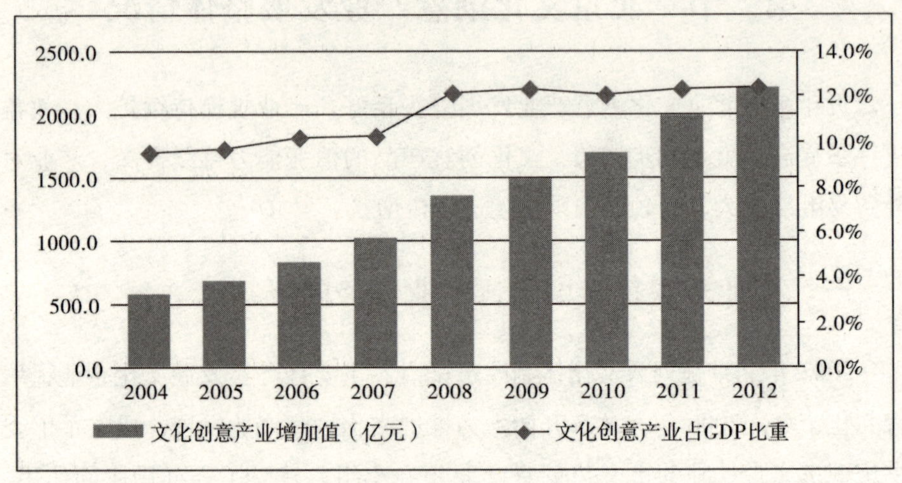

图 1-1　2004—2012 年北京文化创意产业产值及占 GDP 的比重情况

数据来源：根据北京市统计信息网“北京市 2012 年国民经济和社会发展统计公报”、《北京统计年鉴 2013》测算。

二、行业齐全，优势行业突出

九大行业门类齐全，软件、网络及计算机服务一枝独秀。从产业内部结构看，软件、网络及计算机服务业的增加值、就业、资产、收入都以绝对优势继续保持龙头地位，继续引领全市文化创意产业（图 1-2），其增加值比重占文化创意产业比重达到54%，其他 8 个行业产值比重均在 10% 以下，排名第二的新闻出版业产值比重进一步降到了 9.4%（表 1-1），与软件、网络及计算机服务业形成较大差距。其他行业发展势头良好，文化艺术发展迅速，新闻出版业增加值稳中有增，国内旅游稳定增长，广播、电视、电影业形成以企业为主体的创新格局，广告会展业有力带动了相关产业发展，艺术品交易业的资产和收入实现大幅度增长，设计服务业继续稳步发展。

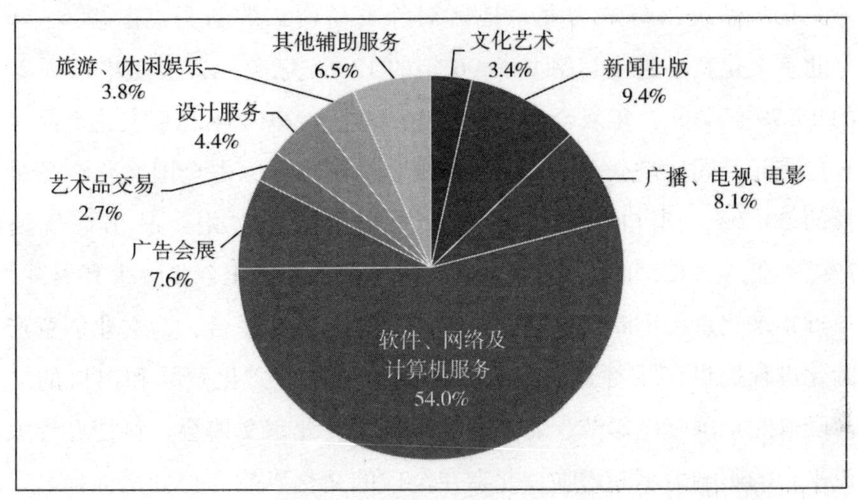

图 1－2　2012 年北京市文化创意产业各行业产值比例

数据来源：根据《北京统计年鉴 2013》相关数据测算。

表 1－1　2004—2012 年九大行业产值比重变化情况

行业＼年份	2004	2005	2006	2007	2008	2009	2010	2011	2012
文化艺术	3.9%	4.8%	4.3%	3.8%	3.2%	3.3%	3.2%	3.4%	3.4%
新闻出版	18.9%	15.8%	16.4%	14.1%	11.4%	10.7%	10.1%	9.6%	9.4%
广播、电视、电影	9.6%	11.6%	8.9%	10.2%	8.9%	8.4%	8.2%	7.7%	8.1%
软件、网络及计算机服务	40.0%	39.5%	45.6%	47.9%	52.2%	47.7%	49.9%	52.4%	54.0%
广告会展	8.3%	7.6%	6.3%	6.4%	8.3%	6.6%	7.5%	8.0%	7.6%
艺术品交易	2.0%	1.1%	1.2%	1.4%	1.5%	2.1%	2.5%	2.8%	2.7%
设计服务	5.2%	4.7%	4.9%	4.9%	3.9%	5.1%	5.0%	4.6%	4.4%
旅游、休闲娱乐	4.7%	5.6%	5.9%	5.0%	4.3%	4.1%	4.1%	3.9%	3.8%
其他辅助服务	7.3%	9.4%	6.4%	6.3%	6.2%	12.1%	9.6%	7.5%	6.5%

数据来源：根据《北京统计年鉴 2013》相关数据测算。

三、对外贸易稳步发展，国际化进程加快

文化产品进出口成为北京地区对外贸易增长的新亮点。2006—2011年，北京文化贸易进出口额从2006年的12.65亿美元，快速增长到2011年的26.79亿美元，年复合增长率达16.2%①。2012年北京文化产品进出口6亿美元，同比增长6.3%，继续排名全国首位，占全国文化产品进口规模的30.7%；出口排名第19位，占同期全国文化产品出口规模的0.7%。② 截至2012年底，北京地区在境外上市的文化企业已达15家③。

近年来北京市不断搭建文化与科技融合的高端平台，为文化创意产业国际化进程提供了支撑，一些骨干企业已经成为文化贸易和出口的主力军。随着北京国际电影节、北京国际设计周、北京文博会、科博会等大型交流平台的影响力不断增强，北京在全球的文化影响力得到全面提升，从而促进了文化创意产业的国际化进程，不断拓展国际市场。北京市文化创意产业在积极拓展国内市场的同时，也开始走出国门，尤其是中关村国家自主创新示范区和一些领军文化创意企业。2012年北京市获准成为联合国教科文组织创意城市网络“设计之都”，不仅扩大了北京设计产业的国际影响力，也为文化创意产业发展创造了更好的国际环境。一些企业已经走出国门，成为国际知名文化企业，如北京四达时代通讯网络技术有限公司已经在非洲16个国家拥有260万数字电视用户，旗下有30套不同节目，成为泛非洲地区最具潜力的数字电视运营商；完美世界（北京）网络技术有限公司的网游出口已经覆盖全球100多个国家和地区，2012年其游戏出口额超过1亿美元；北京华韵尚德国际文化传播有限公司精心打造的《中国时间——来看吧》独立电视专栏成功落地德国，成为全球第一档由中国

---

① 成琪．北京文化产品进出口规模达6亿 美元居全国之首［N/OL］．中国经济网，2013-05-31.

② 北京海关．2012年北京地区进出口稳中有升 年度外贸规模突破4000亿美元［EB/OL］．中国海关总署官网，2013-01-24.

③ 成琪．北京文化产品进出口规模达6亿美元 居全国之首［N/OL］，中国经济网．2013-05-31.

人自主运作、用德语在境外主流媒体上专门介绍中国的电视专栏节目；天创国际演艺制作交流有限公司创立的“一个剧目、一个剧团、一个经营公司”的产业化模式，率先在国内实现百老汇经营方式和太阳马戏团品牌剧目演出效应，其国际化的运营模式，使其成为中国较早融入国际主流文化市场且较具品牌影响力的文化企业，率先搭建“基地、平台、渠道”良性互动的经营管理新模式。①

第三节 北京文化创意产业主要行业发展情况

北京文化创意产业主要包括软件、网络及计算机服务业、文化艺术业、新闻出版业、广播影视业、广告会展业、艺术品交易业、设计服务业和旅游业等，大多行业在全国具有重要地位。

一、软件、网络与计算机服务业继续领跑

北京市软件、网络与计算机服务业发展势头强劲，在全市文化创意产业中一直保持着绝对优势地位。2012 年，北京软件、网络及计算机服务业增加值达到 1190.3 亿元，占文化创意产业增加值比重 54%。软件、网络及计算机服务业不仅创造了最高的产值比重，而且是创造就业的重点行业，2012 年，吸纳就业人数 69.8 万人，比 2011 年增长 13.9%，占文化创意产业就业的 45.7%。其资产总计和收入合计分别达到 6529 亿元和 3888.1 亿元，分别占文化创意产业资产总计和收入合计的 41.9% 和 37.7%，分别比 2011 年增长 20.1% 和 16.3%。

软件、网络和计算机服务业主要集中在以中关村自主创新示范区海淀园为核心的文化科技融合示范区，从空间范围来看主要集中在“中关村—

① 金融创新助力文化贸易发展——第九届深圳文博会北京文创产业展成果回顾［EB/OL］. 北京市国有文化资产监督管理办公室官方网站，2013 - 05 - 20.

上地”一线，包括中关村创意产业先导基地、中关村软件园、北京数字娱乐示范基地、中关村科技园雍和园、清华科技园等产业园区。

二、文化艺术业全面发展

北京市文化艺术业具有显著的资源优势。北京集中了全国90%有实力、有影响力的中央文化机构，博物馆、剧场等文化设施。在文艺演出方面，2012年全市各类演出剧场数量已达81家，艺术表演团体达530家，演出经纪机构1363家，约占全国演出经纪机构总数的一半①。2012年北京文化艺术业的增加值、资产总计和营业收入均有大幅度增长。增加值达到76亿元，比2011年增长11.8%，高于文化创意产业整体增速，占文化创意产业产值比重为3.4%。2012年从业人员平均人数为7.2万人，资产总计551.2亿元，收入合计为237亿元，比2011年增长9.2%②。文艺舞台空前活跃，文艺演出市场继续呈现增长态势，文化艺术与其他产业融合发展速度加快③。

北京市具有文化艺术产业发展的独特资源优势，已经形成了文化艺术创作、演出展示等全产业链发展态势。北京文化艺术产业空间分布与文化资源分布具有较强的一致性，比如前门的琉璃厂和天坛—天桥的传统文化艺术、798的时尚文化艺术以及西城、海淀、朝阳等城区的文艺演出等，具有较强的文化特色。

三、新闻出版业稳中有增

2012年，新闻出版业的增加值、从业人员、资产总计和收入合计均实现稳定增长。新闻出版业增加值达到208.3亿元，比2011年增长8.5%，占文化创意产业产值比重为9.4%，仅次于软件、网络及计算机服务业，

① 北京市文化局2012年工作总结［EB/OL］. 北京文化热线网，2013-02-25.

② 北京市统计局. 北京统计年鉴2013.

③ 北京市文化局2012年工作总结［EB/OL］. 北京文化热线网，2013-02-25.

在文化创意产业九大领域中排名第二；从业人员平均人数15.6万人，比2011年增长3.1%，在软件、网络及计算机服务业和其他辅助服务业之后排名第三；资产总计达到1514.6亿元，比2011年增长20.2%，在九大领域中排名第三；收入合计为883亿元，比2011年增长16.9%。①

依托北京出版业传统优势产业，北京文化创意产业中的新闻出版业集聚了大量国内外原创作品、版权交易、印刷出版等相关资源，并积极推动传统出版与信息技术的融合，形成了数字出版、绿色印刷等新兴业态，正在建设的国家版权交易中心努力打造数字出版时代，力争成为全球出版中心的高端平台。新闻出版发行产业主要集中分布在西城区广安产业园的国家数字版权产业基地、通州台湖镇的出版物会展贸易中心、朝阳区的出版创意产业基地、大兴区的印刷包装产业基地、顺义区的印刷标准化技术应用研究与推广基地等。

四、广播、电视、电影业影响力提升

北京市是国家传媒中心、影视中心，具有发展影视传媒业的人才、技术、平台等优势，全国70%以上的影视公司、发行公司和后期制作单位都云集北京，已经形成完整的产业链。2012年广播、电视、电影业增加值达到177.6亿元，比2011年增长15.3%，占文化创意产业产值比重为8.1%，在文化创意产业九大领域中排名第三；从业人员平均人数6万人，比2011年增长8.3%，占文化创意产业总就业人数的3.9%；资产总计达到1570.7亿元，比2011年增长18.5%，占文化创意产业资产总计的10.1%，仅次于软件、网络及计算机服务业；收入合计为680.3亿元，比2011年增长22.9%，占文化创意产业收入合计的6.6%。②

广播、影视传媒产业主要集中分布在北京CBD—定福庄国际传媒产业走廊、中国（怀柔）影视基地、国家新媒体产业基地、北京数字娱乐示范

① 北京市统计局. 北京统计年鉴2013.

② 北京市统计局. 北京统计年鉴2013.

基地、清华科技园等产业基地等。

五、广告会展业辐射作用增强

北京广告会展业呈现出品牌化、专业化、国际化和市场化发展趋势。北京国际文化创意产业博览会、旅游博览会、图书博览会、国际科技产业博览会等一系列展会的成功举办，为首都文化创意产业发展搭建了良好的中介服务平台，增强了首都经济、文化的辐射和影响能力。北京是国内最重要的会议城市，承担的各种会议数量最多，其中国际会议的数量逐年增多，会议规模不断扩大，会议档次也不断提高，会议收入高于展览业。目前全市的广告营业收入和广告从业人员数量都已位居全国首位，成为全国最大的广告媒体市场，并逐步拓展国际广告业务。2012 年广告会展业增加值达到 168.6 亿元，占文化创意产业产值比重为 7.6%，比 2011 年增长 6%；从业人员平均人数 12.5 万人，占文化创意产业总就业人数的 8.2%，比 2011 年增长 8.6%；资产总计达到 1050 亿元，占文化创意产业资产总计的 6.7%，比 2011 年增长 4.8%；收入合计为 1256.8 亿元，占文化创意产业收入合计的 12.2%，仅次于软件、网络及计算机服务业和其他辅助服务业，在文化创意产业九大领域中排名第三。①

北京市会展活动和相关服务业依托顺义新国展、朝阳老国展、农展馆、北展、国家会议中心、北京国际会议中心、中国国际科技会展中心等展览资源，主要分布在东城区、朝阳区、海淀区、丰台区、顺义区等各种会展设施集中、交通便捷、文化服务业相对发达的区域。

六、艺术品交易业快速增长

近年来全市的艺术品交易业发展迅速。近 10 年，随着各类艺术品拍卖市场的快速发展，北京已经成为全国首屈一指的艺术品交易中心，并正在

---

① 北京市统计局. 北京统计年鉴 2013.

成为具有国际影响力的艺术品“交易之都”。2012 年，北京艺术品交易业的增加值、从业人员、资产总计和收入合计均实现增长，其中资产总计增速最快，比上年增长 76%，达到 817.5 亿元，增速远高于其他八个领域，占文化创意产业资产总计的 5.2%。收入合计增速也远高于其他八个领域，比 2011 年增长 43.4%，达到 705.6 亿元，占文化创意产业收入合计的 6.8%。艺术品交易业的增加值达到 59.2 亿元，比 2011 年增长 5%，占文化创意产业产值比重为 2.7%；从业人员平均人数 2.8 万人，比 2011 年增长 12.7%，占文化创意产业总就业人数的 1.8%。[①] 从近年交易产品类别看，北京艺术品交易中，书画特别是古代书画占相当大比重，这主要源自国人对传统文化的推崇。

艺术品交易产业主要集中分布在东城区、西城区、朝阳区、通州区等，依托潘家园、琉璃厂、报国寺、爱家收藏和东城隆福寺高端艺术品交易区、通州宋庄区域、门头沟北京宝玉石文化博览交易中心等国家级文化贸易口岸、国际级文化交易企业、原创艺术基地和传统文化艺术品展示交易中心，形成了艺术品经营交易、古玩与藏品展示与交易、艺术品创作交易等文化交易与服务产业。

七、设计服务业方兴未艾

北京市的设计服务业发展潜力巨大。北京拥有设计专业的院校 112 所，在校生 3 万余人，各类设计院所和企业 2 万余家，其中中央美术学院、清华美术学院、北京服装学院、北京理工大学、北京工业大学等高校的设计专业在社会享有很高的知名度和美誉度，具有较强的科研实力和设计能力。2012 年，设计服务业的增加值、从业人员、资产总计和收入合计均实现明显增长。增加值达到 97.4 亿元，比 2011 年增长 7.5%，占文化创意产业产值比重为 4.4%；从业人员平均人数 11.9 万人，比 2011 年增长 18%，占文化创意产业总就业人数的 7.8%；资产总计达到

① 北京市统计局. 北京统计年鉴 2013.

1163.7亿元，比2011年增长26.5%，占文化创意产业资产总计的7.5%；收入合计为443亿元，比2011年增长19.8%，占文化创意产业收入合计的4.3%。①

2012年，北京正式加入联合国教科文组织创意城市网络“设计之都”，加快设计服务业公共服务平台建设，不断完善中国设计交易市场，以“北京国际设计周”为平台，加强国内外合作，拓展设计服务业发展空间。随着国际和国内市场空间的不断拓展，依托北京市现有的设计资源，设计服务业将迎来新的发展机遇。

北京市设计服务业主要集中在西城区的德胜园、海淀区的中关村核心区、石景山区的石景山园、大兴区的中国设计瑰谷等设计资源相对丰富的区域，近年来空间布局不断优化。以设计服务业为主导的德胜园不断聚积设计服务资源，设计服务业尤其是工业设计服务业的国际影响越来越大。由亦庄设计示范区、西红门展示交易设计园、工程咨询设计园、博洛尼都市工业设计园、大兴经济开发区新媒体园及北普陀设计总部园等“一区五园”构成的中国工业设计产业基地正在加紧建设，带动了上下游企业的发展。

八、休闲旅游业延续良好的发展态势

北京市的旅游资源丰富，多年来休闲旅游业延续了良好的发展态势，旅游总收入和接待旅游总人数不断增长。2012年，旅游、休闲娱乐业的增加值、从业人员、资产总计和收入合计均实现稳定增长。旅游、休闲娱乐业增加值达到83.4亿元，占文化创意产业产值比重为3.8%，比2011年增长6.1%；从业人员平均人数为11.1万人，比2011年增长5.1%；资产总计为934.5亿元，比2011年增长30.9%；收入合计达到849亿元，比2011年增长20.2%②。由于受到世界经济增速减缓、人民币不断升值以及

① 北京市统计局. 北京统计年鉴2013.

② 北京市统计局. 北京统计年鉴2013.

国际金融危机后续效应等因素影响，2012 年北京入境游市场呈现走低状态，但国内旅游仍然保持较快发展。

依托独特的历史文化、自然生态和旅游休闲资源，北京市旅游业积极推动旅游业与文化的融合。以前门大街、王府井为核心，将老字号资源与商贸、旅游相结合；以国家大马戏院、魔术之都为龙头，构建海鹊落新都市中心和昌平京北文化中心，形成与未来科技城相呼应的北京未来文化城；以环球影城、欢乐谷、世界公园等城市主题休闲娱乐区域为载体，营造良好的城市文化娱乐氛围，推动市民文化娱乐消费；以房山“北京源”文化为主线，以世界地质公园为中心，整合周口店、韩村河、长沟、大石窝周边乡镇历史文化旅游资源，发展历史文化旅游，将文化融入休闲旅游产业。

第四节 北京各区县文化创意产业发展情况

《北京城市总体规划（2004—2020 年）》从北京城市发展定位出发，结合各区县的资源特点，从总体上将全市划分为首都功能核心区、城市功能拓展区、城市发展新区和生态涵养发展区四类功能区，不同区域文化资源具有较大差异，这对未来各区域产业发展的走向起着决定性作用。从城市功能区来看，文化创意产业主要集中在首都功能核心区、城市功能拓展区，尤以城市功能拓展区分布最为集中，而城市发展新区和生态涵养发展区的文化创意产业比重较低，其从业人员、收入总额、利润总额和应交税金总额在全市文化创意产业中所占的比重均不足 10%（表 1－2）。

表 1－2 北京市四个城市功能区规模以上文化创意产业占全市的比重

（%）

功能区	从业人员比重	收入总额比重	利润总额比重	应交税金比重
核心区	16.6	22.5	19.5	16.7
拓展区	73.5	70.6	76.2	76.9

续表

功能区	从业人员比重	收入总额比重	利润总额比重	应交税金比重
发展新区	8.2	6	2.9	5.3
生态涵养区	1.6	1	1.4	1.1

数据来源：根据《北京区域统计年鉴2013》相关数据整理。

无论从发展阶段来看还是从空间集聚程度来看，北京市各区县文化创意产业发展都存在很大差异（表1－3）。从文化创意产业营业收入来看，海淀区和朝阳区文化创意产业总收入分别占全市的41.2%和24.1%，是引领全市文化创意产业的主力军，其次是东城区和西城区，在北京文化创意产业发展中居于重要地位，其他区县所占比重较小。从文化创意产业的发展阶段来看，朝阳区、海淀区、西城区、东城区等文化创意产业规模较大，集聚区较为成熟，在全市甚至在全国的影响力较大，其他区县文化创意产业规模较小。

表1－3　规模以上文化创意产业情况（2012年）

区县	从业人数（人）	收入合计（万元）	利润总额（万元）	应缴税金（万元）
全　市	954929	81085780	6661563	4063506
首都功能核心区	168214	17251163.4	1392473	752828
东城区	80977	10484460	707544	486060
西城区	87237	6766704	684928	266768
城市功能拓展区	685278	57612236.2	4928890	3047421
朝阳区	194782	19558588	956190	760760
丰台区	32327	2612588	249069	147035
石景山区	23051	2052185	295101	107449
海淀区	435118	33388875	3428530	2032176
城市发展新区	86781	5659798	313519	237941
房山区	8560	1567637	9516	30066
通州区	16974	926174	24054	29663
顺义区	12114	762270	78845	42951
昌平区	19706	893385	102041	54421

续表

区县	从业人数（人）	收入合计（万元）	利润总额（万元）	应缴税金（万元）
大兴区（北京经济技术开发区）	10971（18456）	444469（1065863）	17719（81344）	18675（62164）
生态涵养发展区	14656	562582	26682	25318
门头沟区	1117	79530	1680	2455
怀柔区	4358	132569	-1290	5122
平谷区	2479	94863	10802	6286
密云县	3506	138541	11255	7071
延庆县	3196	117079	4235	4382

数据来源：《北京区域统计年鉴2013》。

第二章
北京文化创意产业的布局及集聚发展情况

北京文化创意产业资源丰富，类型多样，广泛分布在全市不同区域，相关资源与产业链交互作用，在集群化发展思路的指引下，2006 年以来市区两级政府推动建设和认定了大批文化创意产业集聚区，特别是 30 个市级集聚区基本覆盖了全市所有区县，按照不同产业门类呈现出一定的空间分布规律，形成了一些产业发展的特色区域。这些区域体量较大、产业规模可观，基本具备了功能化集聚的特征，在全市文化创意产业的发展中处于举足轻重的地位。

第一节　北京文化创意产业空间布局情况

城市功能区在一定程度上决定了产业功能的配置，不同功能属性的产业在城市功能区定位的约束下能够实现合理、优化布局。文化创意产业具有强渗透力、高辐射力以及无污染性等特点，可以与其他产业有效融合，而且不受土地、资源相对稀缺的限制，因而在首都功能核心区、城市功能拓展区、城市发展新区和生态涵养发展区四类城市功能区内均有分布，这与各区域所拥有的丰富多样又各具特色的文化创意资源密不可分。

一、首都功能核心区文化资源及产业分布

首都功能核心区（以下简称核心区）包括东城区和西城区，是承载首都“四个服务”职能的主要载体，集中体现了首都政治、文化中心功能和重要经济功能，也是呈现首都历史文化传统和现代国际城市形象的重要区域。

核心区汇集了丰富的历史文化资源，绽放了首都文化的独特魅力，尽显古都风貌。包括以紫禁城为核心的皇城文化区、具有标志意义的明清北京城中轴线，逐步形成的中关村科技园区德胜园和雍和园两大现代文化园区，以及以孔庙、国子监为中心的国学文化展示区，以前门、大栅栏、琉璃厂为中心的民俗文化展示区，以天桥为中心的演艺文化区，以商务印书馆、中华书局、三联书店为中心的出版文化区，以安徽会馆、湖广会馆为中心的会馆文化传承区，以什刹海、南锣鼓巷为中心的四合院休闲文化区和以龙潭湖为中心的体育文化区等。

核心区凭借其丰富的历史文化资源和国际交流、科技、信息、人文等方面的绝对优势，通过充分利用灵活的市场机制，促进首都文化创意产业发展。核心区重点发展与其功能相适应并能传承历史文化、体现区域特色的高端文化创意产业，着力建设具有国际影响力的文化创意产业特色区域。

核心区还在多个文化创意产业领域具有雄厚的产业基础和竞争力，依托独特的资源禀赋，着力促进产业提升，并通过建设完善的特色区域，巩固文艺演出、文化旅游等传统行业的优势地位，同时大力发展以文化为内涵、科技为手段的新兴行业，如设计策展、传媒广告、信息咨询服务等。此外，还重点建设了具有国内外影响力的文化市场，促进文化商务、文化金融以及文化休闲等相关产业的发展，成为全市推动高端文化创意产业发展、现代文化与创意产业融合的重要辐射区域。

二、城市功能拓展区文化资源及产业分布

首都城市功能拓展区（以下简称拓展区）包括朝阳区、海淀区、丰台区以及石景山区。拓展区集聚了国内外闻名的高等教育和科研机构，以及著名的旅游、文化、体育活动设施，并逐渐成为中国与世界的重要连接点。拓展区涵盖中关村国家自主创新示范区、商务中心区（CBD）和奥林匹克中心区首都三大高端产业功能区，是首都面向全国和世界的高端服务功能重要承载区，是体现首都经济辐射力和控制力的主要支撑区域。拓展区内各区县文化创意资源分布和产业体系各具特色，在资源利用和产业发展上实现了良好的互动。

朝阳区商业氛围浓厚，现代产业体系完善，有利于实现产业高端化和梯次发展，促进相关资源与产业链的整合和完善。朝阳区拥有一批以凤凰国际传媒中心、华影盛世为代表的龙头总部企业，一批以华彬艺术品产权交易中心为代表的产权交易平台，一批以中国传媒大学为代表的产学研一体化的孵化基地；还拥有世界时装周、国际风情节、流行音乐周、国际旅游文化节等大型时尚文化活动品牌，以及奥林匹克公园、798 艺术区、三里屯时尚街、世贸天阶等特色文化园区。朝阳区充分利用这些文化创意资源，以 CBD—定福庄国际传媒产业走廊为核心，以三环会展商务产业带、四环文化旅游产业带和五环新兴文化产业带为纽带，以奥林匹克公园会展旅游文化产业圈、大山子艺术和设计产业圈、三里屯时尚文化消费产业圈、潘家园古玩及艺术品交易产业圈、温榆河生态旅游休闲产业圈、垡头文化休闲产业圈为支撑，正在构建点、线、面相结合的“一横三纵六圈”的文化创意产业空间布局，逐步形成以 CBD 为制高点、以 CBD—定福庄国际传媒产业走廊为主轴，若干个产业圈及基地为支撑的文化产业创新发展格局，未来将成为全市文化创意产业发展强区和示范区。

海淀区文化资源丰富，艺术团体、创意机构林立，教育科研单位兴盛，新闻媒体云集，文化名人荟萃，高新技术企业密布，形成了浓厚的文化创意氛围和强大的技术支撑体系，为文化创意产业发展提供了坚实的基

础。海淀区坐拥“三山五园”为代表的著名皇家园林和大量的文物古迹，文化底蕴深厚；聚集了包括北大、清华、人大等在内的78所高等院校和251个科研院所；拥有305个各类图书馆、20家博物馆、100多处演出场所、300多家新闻媒体、26家报社、179家期刊社、53家出版机构；还拥有37.8万专业技术人员、500多名“两院”院士。海淀区利用区域资源优势打造科技和文化结合的高端文化创意产业，将软件与信息服务、动漫游戏、新闻出版、影视音像、设计服务、文化教育培训，以及艺术、旅游和休闲娱乐等列为区域文化创意产业的发展重点，并确立了以基于数字技术的数字动漫游戏、数字媒体出版、数字影音、软件与信息服务业四大先导产业为龙头的优势产业领域。同时，海淀区还充分发挥中关村自主创新示范区先行先试优势，创新体制机制，在国内率先探索出了创新创业、企业孵化、成果转化、投融资、国际化等成功模式，吸引了大批创新型的文化创意企业扎根、成长。

丰台区历史文化底蕴深厚，生态环境良好，以文化创意为灵魂，整合资源，突出特色，取得了资源与产业的协调发展。丰台区宛平古城、卢沟桥人文历史景观以及园博园等旅游文化体育娱乐休闲设施齐备；尚存汉唐以来的地上文物遗存300余处，市政府批准的地下文物埋藏区2片，历史文化保护区2处，市级文物保护单位10处，在册登记的非物质文化遗产保护项目109个，A级及以上旅游区（点）和主要旅游区（点）13个，位居各区县前列；拥有中国评剧院、中国戏曲学院、北京京剧院、北京市戏曲学校以及著名的八一电影制片厂等文化创作生产机构；初步形成了中国戏曲文化中心、卢沟桥文化创意产业集聚区、大红门—南中轴时尚文化新区、园博园—永定河生态文化新区、丰台科技园区等空间集聚格局。丰台区立足区域资源优势和产业基础，重点发展新闻出版、设计服务、文化娱乐等产业，积极培育影视、广告会展、休闲娱乐等产业；以戏曲、中秋、汽车、园艺花卉、红色、服装时尚六大文化品牌为重点，积极打造具有区域特色的文化创意产业集聚区，不断向文化创意产业大区迈进。

石景山既不乏历史文化资源，又拥有京西花园式的生态环境和时尚高雅的文化氛围，还具备大量现代娱乐、休闲资源。石景山区文物古迹众多，区内“西山文化”涵盖宗教、古镇、宦官、革命历史、民间民俗等诸多内容，拥有八大处、模式口古镇、东部旅游娱乐区、西部休闲旅游区、西五环体育产业带、天泰山生态旅游区、八宝山革命公墓、石景山游乐园、北京国际雕塑公园等众多大型文化旅游资源。凭借良好的产业环境和鲜明的产业特色，石景山区实施差异化产业发展战略，紧抓优势，促进细分行业协同发展，重点发展数字娱乐、旅游休闲和设计服务产业，统筹发展广告会展、文艺演出和新闻出版产业；初步形成了以石景山游乐园为核心的东部现代娱乐旅游区，以八大处公园为核心的西部生态旅游区；正在打造集科技、创意、演艺、娱乐于一体的中国动漫游戏城，发展新首钢高端产业综合服务区，不断丰富首都文化娱乐休闲区的内涵。

三、城市发展新区文化资源及产业分布

城市发展新区（以下简称发展新区）包括通州、顺义、大兴（北京经济技术开发区）以及昌平和房山的平原地区。发展新区是北京高新技术产业、现代制造业以及现代农业发展的重要承载区，也是吸纳北京城市中心区产业和人口的重要区域，同时还是北京城市未来发展的重心所在。发展新区拥有多个规划新城以及国家级、市级开发区，是首都战略发展的新空间和推进新型城市化的重要着力区，是首都经济发展的新增长极。

通州区历史文化悠久，扼守京东交通要道，是历史上的漕运、仓储重地，也是当代首都的城市副中心。通州区坐拥京杭大运河历史文化遗迹，运河沿线散落着文化、养生、康体产业带、九棵树数字音乐产业园、台湖国际图书产业园，还集聚了大量文化机构和文化设施，宋庄文化创意产业集聚区以原创艺术为主导的产业已初具规模，正在规划建设中的文化旅游区将成为北京新的时尚旅游目的地。通州区依托厚重的历史文化积淀，以打造通州国际新城为契机，形成了以艺术品创作交易、出版发行、原创音乐、广告会展、旅游休闲为主导的文化创意产业发展格局。

顺义区着眼于高端产业，并将现代制造业和现代服务业作为主要支

撑，大力发展文化创意产业，促进国际的文化交流活动。顺义区拥有枢纽空港和天竺综合保税区这一不可替代的优势，同时还拥有北京市唯一的以会展产业为主题的市级文化创意产业集聚区——新国展产业园，外向性发展条件优越。顺义区文化创意产业已经形成了四大优势行业，包括广告会展业、设计服务业、出版印刷业、时尚文体休闲业；同时培育了四大新兴产业，包括影视业、创意农业、民俗文化业、软件信息服务业。目前，顺义区以长城华冠、现代汽车为代表的创意设计，尤其是工业设计的能力处于全市领先地位；以雅昌彩印和中国出版集团为典型代表的出版印刷业也在蓬勃发展；以奥林匹克水上公园、北京国际鲜花港等为主的一批高端文化体育休闲产业发展潜力巨大；以研桑、班捷明为代表的广告行业也在茁壮成长；国家地理信息产业园、金蝶软件园正在加快建设中。

大兴区发挥自然、人文优势，正在加快建设首都南部文化新区。大兴区拥有国家新媒体基地、星光影视园、北普陀影视园、南海子郊野公园、星明湖文化体育休闲基地、北京国际印刷包装产业基地等一大批文化设施，还拥有亦庄新城、黄村新城、新航城三大新城。当前，大兴区已经形成了以新媒体产业为核心，以出版印刷业、设计创意业、影视制作业、文化休闲业为重点发展领域的文化创意产业体系。重点发展以国家新媒体基地起步区、核心区为核心的新媒体产业集群，以北京大兴经济开发区为核心的电子信息服务产业集群，以及影视制作产业集群、出版印刷产业集群、设计创意产业集群和文化休闲产业集群。

昌平区自然生态环境优美，北部山区生态涵养带植被种类丰富，温榆河生态走廊穿境而过，丰富的自然文化资源为发展旅游、休闲娱乐产业提供了得天独厚的条件。昌平区拥有78处文物保护单位，包括享誉世界的明十三陵、居庸关长城以及巩华城等历史文化遗产；拥有中央戏剧学院、解放军艺术学院、北京电影学院、动漫学院等一批国家级文化事业单位；还拥有多层次的文化创意人才资源，包括集聚于瓦窑作家村和上苑艺术家村的高端艺术和创意人才。依托区内已经形成的明十三陵文化创意产业集聚区、北部生态艺术创意区、数字文化创新中心、温泉会展集聚区和京北

SOHO创意区，昌平区正在不断壮大数字内容、设计创意、信息服务等新兴创意产业集群；培育文化演出、艺术品交易等文化艺术产业集群；提升旅游休闲娱乐、温泉文化会展、创意农业等优势关联产业集群。

房山区作为首都的西南门户，区位优势明显，拥有丰富的文化遗产以及人文、生态资源，具备发展文化创意产业的有利条件。区内拥有西周燕都遗址、云居寺、周口店遗址等名胜古迹，还拥有中国地质公园、中央休闲购物区（CSD）、良乡高教园区等自然人文资源。房山区依托丰富的历史文化旅游资源，大力发展文化艺术和旅游、休闲娱乐产业，不断促进广告会展和设计服务产业发展，并以软件、网络及计算机服务和新闻出版等行业为补充，整体提升文化创意产业规模，正在迈向“文化休闲新城”。

四、生态涵养发展区文化资源及产业分布

生态涵养发展区（以下简称涵养区）涉及门头沟、平谷、怀柔、密云、延庆以及昌平和房山的山区部分。涵养区作为首都生态屏障和重要水源保护地，对沟域经济类生态友好产业的发展起到了很好的示范作用。涵养区内各区县不仅有怡人的自然风光，还拥有“三山五园”皇家园林历史文化保护区、西山八大处佛教文化景区、明十三陵皇陵建筑群、斋堂古村落等明清古村落和山地民居以及八达岭长城文化旅游产业区等一大批厚重的历史文化资源。

依托文化积淀和自然风光，门头沟区利用浅山区和深山区的独特旅游资源，将旅游文化产业作为文化创意产业的主导产业，重点发展居民休闲、体育健身、文化体验等产业内容，塑造了永定河文化节、京西旅游山会、京浪音乐节等旅游文化品牌。平谷区大力推动旅游休闲娱乐、广告会展业发展，同时加大对广播电视电影、软件网络及计算机服务业支持力度，形成了中国乐谷欢乐节、北京国际流行音乐季等大型品牌性活动；怀柔区以影视产业为核心引领，大力发展高端会展、文化旅游、原创艺术等产业，将中国（怀柔）影视基地打造成了北京影视之都的重要承载地；密云县立足于“绿色国际休闲之都”的发展定位，初步形成了由核心商务休

闲产业、高端文化旅游产业和区域特色文化创意产业构成的文化创意产业体系；延庆县将文化旅游作为全县文化创意产业的重点发展方向，兼顾其他服务型业态，形成了以旅游景区为龙头带动的文化创意产业发展格局。

第二节　北京市级文化创意产业集聚区发展情况

集群化是文化创意产业发展的主流趋势。从发达国家和地区的成功经验可知，集聚区是促进新兴产业快速壮大的成功发展模式。北京市在文化创意产业集群化发展早期，大力建设和认定各类集聚区，已认定的30家市级集聚区覆盖全市十六个区县和文化创意产业九大领域，集聚区汇聚了大批文化创意企业，成为北京文化创意产业发展的重要载体和产业集聚辐射的主要平台。

一、集聚区总体情况

近几年，北京市文化创意产业集聚区收入规模、经济效益实现较快增长，集聚效应进一步突出。2012 年，市级文化创意产业集聚区 779 家规模以上文化创意产业法人单位实现收入 1323. 2 亿元，同比增长 10%，占全市文化创意产业收入比重为 14. 2%；实现利润 174. 4 亿元，同比增长 1. 7 倍，占全市文化创意产业利润比重为 24. 2%；从业人员达到 15 万人，同比增长 11. 5%，占全市文化创意产业从业人员比重为 14. 4%。

文化创意产业单位数量居前三位的是：北京 CBD 国际传媒产业集聚区、中关村创意产业先导基地和北京数字娱乐产业示范基地，分别实现收入 573. 1 亿元、256. 1 亿元和 163. 3 亿元，收入合计占全市集聚区总收入的 75%。

二、集聚区主要运行特点

龙头企业对集聚区发展的带动作用明显。近几年，随着集聚区基础设施和公共服务水平的提高，集聚区相继吸引了一些国内外知名文化创意企业入驻，这些龙头企业落户集聚区为提高集聚区的知名度和带动整体发展发挥了重要的作用。2012 年，集聚区的规模以上法人单位中，收入过亿元的文化创意产业单位为 174 家，实现收入 1166.5 亿元，实现利润 176.2 亿元，从业人员 11.3 万人。从各集聚区龙头企业数量看，北京 CBD 国际传媒产业集聚区中的龙头企业数量最多，北京恒美广告有限公司、中航文化股份有限公司等收入过 10 亿元的文化创意产业单位共落户 72 家，实现收入 503.8 亿元，占该集聚区总收入的 87.9%。

首都功能拓展区成为文化资源重要集聚地。30 个市级文化创意产业集聚区分布在全市十六个区县，其中首都功能核心区 4 个，拓展区 15 个，发展新区 6 个，生态涵养区 5 个。从四大功能区分布情况来看，首都功能拓展区拥有全市一半的集聚区，其中朝阳区总量最多，共 8 个集聚区，包括以影视传媒、广告代理为特色的北京 CBD 国际传媒产业集聚区，以文化艺术展示为特色的北京 798 艺术区等，首都功能拓展区文化创意产业集聚区的文化创意企业与从业人员数量占全市 30 个文化创意集聚区总数的八成以上，成为首都文化资源重要集聚地。2012 年，首都功能拓展区中规模以上文化创意产业法人单位为 626 个，实现收入为 1146.7 亿元，占全市集聚区收入比重为 86.7%；从业人员 12.8 万人，占全市集聚区从业人员比重为 85.2%。其中，北京 CBD 国际传媒产业集聚区规模以上法人单位数、收入总额和从业人员总数在各集聚区中位居第一，集聚优势明显；2012 年，北京 CBD 国际传媒产业集聚区规模以上文化创意产业法人单位数为 330 个，实现收入 573.1 亿元，占全市集聚区总收入的比重为 43.3%；从业人员 4.6 万人，比上年增长 2%，占全市集聚区从业人员总数的 31%。

软件网络计算机服务和广告会展领域显现集聚优势。30 个集聚区各具产业特色，主导业态覆盖文化创意产业九大领域，其中，软件、网络及计算机服务和广告会展两个领域发展较为突出，2012 年两个领域的全年收入合计占总收入近七成，具备了一定的聚集优势。2012 年，全市软件、网络及计算机服务领域实现收入 607 亿元，同比增长 20.5%，占总收入的

45.9%；从业人员9万人，同比增长18.6%，占从业人员总数的60.3%。中关村创意产业先导基地、中关村软件园聚集了众多软件研发、网络服务类企业，2012年分别实现收入256.1亿元和103.9亿元，同比分别增长47.2%、14.5%。2012年，广告会展领域实现收入277.9亿元，占总收入的21%；从业人员1.2万人，占从业人员总数的7.7%，各项指标仅次于软件网络及计算机服务领域。

第三节　北京文化创意产业集群分布特征

在市级文化创意产业集聚区的基础上，各区县还先后认定了为数众多的区县级文化创意产业集聚区，这些集聚区共同构成了广泛覆盖北京全域的文化创意产业集聚版图。由于各区域资源禀赋和产业要素的不同，在产业链、服务链、供应链的相互作用下，促使北京文化创意产业领域大大小小、形形色色的集聚区按照不同产业门类实现了多样化的集聚，集聚过程普遍具有功能化汇聚的特征，并在分布上呈现出一定的规律性。

一、功能集聚伴随产业门类细分走向专业化

文化创意产业发展早期，传统产业形态占据主要地位。近些年，随着文化需求的多样化，以及文化与旅游业、互联网产业等业态的不断融合发展，特别是在信息技术等新科技力量的冲击下，文化创意产业传统业态的更新升级不断加速，原有文化创意产业各门类中新兴部分逐渐成熟并形成广泛影响，促使产业门类的细分领域逐步增多且有剥离的迹象，“大产业、小领域”成为普遍趋势。

例如，传媒影视大类从早期广播电影电视占据主导地位，到传媒和新媒体后来居上，再到近年来新兴的网络视频、微电影、自媒体等持续火热，原有产业门类不断被异化分立，并在流行趋势的裹挟下，大量创意人员和创意企业开始进入新的细分领域，极大地推动了新领域的成熟和

繁盛。

产业分工细化必然导致产业分工的专业化，出现了依托专业功能进行集聚的新趋势。例如，CBD—定福庄一带在汇聚国际传媒巨头的同时，一大批工作室扎堆出现，这些由高校毕业生甚至在校学生创办的工作室，往往在一些细分领域具有较强的竞争优势和创意水准，他们围绕国际传媒巨头以及央视的外包业务需求，不断在专业化的细分领域深耕，渐成特色，并逐步成长为影响力较大的品牌工作室和小微企业，其中一些佼佼者还获得了风投等资本市场的青睐，从而使CBD—定福庄一带围绕产业链—服务链形成了不同规模企业共生互利的良好产业生态，充分体现了功能化集聚的特征。

文化创意产业门类细化的实质是产业分工协作的增强，也是功能化集聚趋势开始显露的表现，其结果是文化创意产业中创意的成分日渐加大，产业的升级速度持续加快，产业内涵得以不断深化。在这一功能集聚规律下，北京文化创意产业传统优势门类的基础更加巩固，高成长产业门类的规模迅速壮大，新兴业态逐步成形、成熟，基本形成了文化与科技融合、文化与金融融合、文化艺术、传媒影视、出版发行、设计服务、文化交易、会展活动、文化休闲九个类别。各门类之下的产业体系也更加丰富完善，从大产业的地理集聚开始转向小领域的功能集聚，使得产业链、服务链和供应链的关联、交互作用效应在集聚过程中体现得更加充分。

二、功能集聚主要发生在中心城区和城市边缘区

北京文化创意产业集聚区在早期起步阶段，主要集中在中心城区，其发展或依托历史文化资源，或背靠雄厚的产业基础，或利用旧工厂、旧仓库空间。随着全社会对文化的关注，各类文化创意空间开始如雨后春笋般涌现，在盲目模仿和简单复制的过程中，逐渐失去了地域分布特点。

经过一段时期的沉淀后，文化创意产业的发展趋于冷静和理性，集聚园区开始从量的攀升向质的跨越转变，一些稍有影响的文化创意空间陆续

在选择与被选择的过程中，显现出新的分布特征。在中心城区，如传统街区、CBD等地带，主要聚集了演艺、传媒、广告等行业的高端部分，以及设计服务业的总部等形态。而在城市边缘区或发展新区，则主要吸引了原创艺术、信息服务的专业化中心、文化创意产业生产环节以及会展业态。

文化创意产业空间由中心城区逐步向城市边缘区蔓延的趋势，既与产业门类息息相关，同时也是文化创意产业多样性不断呈现、创意阶层流动、知识外溢、成本上升、成熟区域正外部效应、产业发育等的共同作用结果，还离不开北京作为特大型城市逐步加剧的功能疏解和人口挤出效应。这些地域上的变化，正是北京文化创意产业在市场规律的作用下进行功能集聚的缩影。

三、功能集聚依资源要素分布呈现团簇式和走廊式特点

北京文化创意产业功能集聚的根本原因在于资源吸附、要素驱动。文化创意产业的发展一方面表现为产业门类的增多，产业链不断被拉长，并催生出新的支链；另一方面表现为产业规模的增长，在创意、生产、消费各环节都在迅速膨胀。前者需要有更多分立的新空间来承载类型的多样化，从而衍生出许多新的点状分布，后者则需要更大的地域面积，来满足创意人群、创作和生产空间以及行销网络分布的需求。决定两者的都是资源和要素的分配，资源在哪里分布，新的集聚就发生在哪里，要素如何流动，集聚空间就如何延拓。

因此，文化创意产业的集聚不再局限为集中连片的空间形制，特别是在产业链、服务链、供应链的共同支配下，在现代信息技术和物流服务的支撑下，功能需求的满足成为集聚的首要决定因素，团簇式和走廊式的空间集聚形态印证的即是这一特征。例如，中关村石景山园和中国动漫游戏城空间分布较散，这与其产业主要依赖虚拟网络空间和协作平台不无关系，同时也是以楼宇经济单元为主进行集聚的结果，只需要业务领域的关联，而不是地理上的毗邻；又如，西山文化创意大道汇聚了集多媒体艺术、剧场演艺文化、画廊和展示艺术为一体的文化创意业态，这些业态的

服务链彼此关联，在地域分布上呈现出走廊式特点，CBD—定福庄影视传媒走廊更是如此。

四、功能集聚突破了地理空间位置的束缚

如果团簇式和走廊式集聚仍然可见以地理位置相邻为特征的集群化的影子，那么在行业层面来看，某一行业不同集聚区的总体地理分布则完全没有地理空间的关联关系，但这并不影响产业的集聚发展。因此，在强调并依托功能进行集聚的治理模式下，地理空间的联结不再是产业集聚的唯一方式。

功能集聚在地理空间位置上的突破，首先是治理模式上的主动适应，而非简单粗暴的行政归集，已经建成并有影响力的集聚区将成为未来按功能集聚进行政策支持的主要对象，能够避免跟风建设带来的同质化竞争和资源浪费；其次是文化创意对网络化联结的重视，政府对产业的治理将转向政策空间的营造，更多地考虑产业链、服务链、供应链的交互作用，有利于政府治理更加精细化；最后，在政策资源的引导下，功能集聚有助于产业演进与经济社会其他门类的协同，摆脱当前条块分隔治理对城市总体发展的潜在影响。

第四节　北京文化创意产业集群发展规模

从北京文化创意产业的九大门类来看，各个门类都包含了大量的文化创意空间，包括已认定的市区两级文化创意产业集聚区，这些文化创意空间按照不同功能可以归并为多个产业集群。2012 年，文化创意企业总数超过 15700 家，其中规模以上文化创意企业超过 5200 家，占全市文化创意企业总数的 62%；从业人员总数超过 81 万人，资产规模约 9500 亿元，利润总额超过 540 亿元；规模以上文化创意企业收入约 6592 亿元，约占全市文化创意产业总收入的 71%。无论是整体规模，还是经济贡献，这些文化创

意产业集群都占据较大比重，能够充分表征全市文化创意产业的基本发展情况。

一、文化科技融合产业集群

文化科技融合产业集群是实施文化、科技双轮驱动战略，发挥北京市科技优势和高新技术产业优势，提升文化创意产业增加值和成果转化率的政策载体。这一集群主要包括中关村文化科技融合产业集群和动漫网游及数字内容产业集群两部分，涵盖中关村海淀园、石景山园部分区域、首钢主厂区、中国动漫游戏城、中关村雍和园北区、三间房国家动漫产业基地等多个文化创意产业空间载体，产业规模可观，2012 年规模以上企业有 1600 余家，总资产达 4064.40 亿元，营业收入 2837.09 亿元，吸纳就业人员 37.94 万人，在北京市文化创意产业领域占据重要地位。

表 2－1　文化科技融合产业集群规模以上企业总体情况

产业集群名称	企业（个）	营收（亿元）	利润（亿元）	资产（亿元）	人员（万人）	税金（亿元）
中关村文化科技融合产业集群	1553	2837.09	345.07	4064.40	37.94	2.18
动漫网游及数字内容产业集群	104	214.63	37.08	237.24	2.41	0.14

二、文化金融融合产业集群

文化金融融合产业集群能够充分发挥其金融中心的作用，推动金融服务实体经济的发展，是带动全市文化创意产业发展的基础平台和发动机。这一集群主要包括金融街和中关村雍和园南区等文化创意产业空间载体，其主要任务是加快建设文化创意产业信贷、担保、产权交易、投融资等金融服务平台；引导银行、担保等金融机构与文化创意产业加强联系、开展合作；建立健全文化创意产业金融评估体系和诚信体系等；建立文化投融资平台，积极探索包括版权质押、风险投资、股权投资等在内的多种文化金融服务方案；发挥不同所有制形式的金融资本优势，培育文化创意领域的战略投资者，构建支持北京市文化创意产业发展的金融运转体系。2012

年，这一产业集群规模以上企业数量已超过200余家，总资产达313.45亿元，营业收入达632.00亿元，吸纳就业人员3.36万人，自身发展的同时也为北京市文化创意产业发展注入了蓬勃动力。

三、文化艺术产业集群

文化艺术产业集群包括的文化创意空间载体众多，虽然经济总量并不突出，但是产业活力较强，是北京作为全国文化中心的重要表征。这一集群依托北京市文化艺术人才和历史文化资源等优势，遵循文化艺术创作规律和市场规律，着力促进形成文化艺术上中下游产业链，提供艺术创作、展示与交流的产业化平台，逐步形成了天坛—天桥核心演艺区、卢沟桥周边戏曲文化演艺区、798艺术区、西山文化创意大道、中国乐谷、钧天坊等一大批具有广泛影响的文化品牌。2012年，该产业集群规模以上企业数量已超过500余家，总资产达568.39亿元，营业收入达495.11亿元，吸纳就业人员4.46万人。在功能集聚的指引下，未来这些分布在不同地域的文化艺术载体将进一步提升，培育更加繁荣的文化消费市场。

表2-2　文化艺术产业集群规模以上企业总体情况

产业集群名称	企业（个）	营收（亿元）	利润（亿元）	资产（亿元）	人员（万人）	税金（亿元）
天坛—天桥核心演艺产业集群	162	80.75	3.48	64.43	0.83	2.19
戏曲文化艺术产业集群	47	23.80	1.93	28.29	0.45	1.01
798时尚创意产业集群	194	164.59	4.55	240.47	1.81	7.57
音乐产业集群	157	225.97	10.50	235.20	1.37	6.13

四、传媒影视产业集群

传媒影视产业集群依托北京作为国家传媒中心、影视中心的有利地位，进一步强化影视产品、渠道、人才、技术等优势，助力北京打造具有世界影响力的信息传播枢纽城市和影视产品制作中心。这一集群主要包括北影、新影集团厂区、怀柔影视基地、CBD—定福庄国际传媒产业走廊、国家新媒体产业基地、北京数字电视产业园等一批文化创意产业空间载体。2012 年，该产业集群规模以上企业数量已超过 1000 余家，总资产达 1035.00 亿元，营业收入达 972.95 亿元，吸纳就业人员 9.24 万人。该产业集群在大力扶持骨干企业发展的同时，将充分发挥行业特点，积极引导中小企业的差异化成长，促进产业链全面发展。

表 2-3 传媒影视产业集群规模以上企业总体情况

产业集群名称	企业（个）	营收（亿元）	利润（亿元）	资产（亿元）	人员（万人）	税金（亿元）
CBD—定福庄国际传媒产业集群	837	738.67	23.55	632.46	7.00	27.32
影视产业集群	58	62.31	10.45	130.05	0.70	3.54
新媒体产业集群	136	171.97	11.60	272.49	1.55	7.63

五、出版发行产业集群

出版发行产业集群依托北京出版业的传统优势，集聚国内外原创作品、版权交易、印刷出版等相关资源，大力推动传统出版与信息技术的融合，包括中关村德胜园部分区域、北京国家数字出版基地、北京台湖出版物会展贸易中心、中国出版创意产业基地、北京印刷包装产业基地等文化创意空间载体，具有明显的生产型特征。2012 年，该产业集群规模以上企业数量接近 500 余家，总资产达 783.16 亿元，营业收入达 511.74 亿元，吸纳就业人员 5.58 万人。未来，该产业集群将不断拓展数字出版、绿色印刷等新兴业态，推进国家版权交易中心的建设，打造面向数字出版时代的全球出版中心。

六、设计服务产业集群

设计服务产业集群主要依托北京设计之都和国内设计中心城市的企业、人才和资源优势，初步建立了在工业设计、建筑设计、创意艺术设计、服装设计等方面的竞争优势和市场地位。主要包括中关村德胜园部分区域、展览路周边区域、北京（永外）时尚创意产业基地、中国设计瑰谷、大红门周边区域等文化创意空间。2012 年，该产业集群规模以上企业数量 400 余家，总资产达 669.37 亿元，营业收入达 439.36 亿元，吸纳就业人员 5.26 万人。未来，该产业集群将不断吸收国际设计新理念，通过广泛的设计实践创造北京设计的新高度。

七、文化交易产业集群

文化交易产业集群主要依托国家级文化贸易口岸、国际级文化交易企业、原创艺术基地和传统文化艺术品展示交易中心，汇聚了天竺保税区二期部分区域、潘家园周边区域、美术馆—隆福寺高端艺术品交易区、琉璃厂周边、报国寺周边、宋庄等一批在北京文化交易市场较为活跃的文化创意空间。2012 年，该产业集群规模以上企业数量 300 余家，总资产达 323.96 亿元，营业收入 249.00 亿元，吸纳就业人员 2.74 万人。未来，这一产业集群将继续集聚国内外文化贸易企业以及人才等要素，建设交易平台、物流体系等配套设施，助力北京打造亚太文化艺术品交易中心。

表 2-4　文化交易产业集群规模以上企业总体情况

产业集群名称	企业（个）	营收（亿元）	利润（亿元）	资产（亿元）	人员（万人）	税金（亿元）
天竺文化保税产业集群	18	13.53	1.79	11.75	0.20	1.01
文化艺术品交易产业集群	311	235.48	14.80	312.23	2.55	8.39

八、会展活动产业集群

会展活动产业集群依托国家、北京两级大型会展设施、奥运场馆资源和便捷的交通体系、完善的配套服务设施和能力，初步形成了顺义国展产业园、老国展区域、农业展览馆区域、北京展览馆区域、东坝国际商贸中心、奥林匹克公园及周边区域等具有较强竞争优势的会展活动载体。2012 年，该产业集群规模以上企业数量 700 余家，总资产达 913.83 亿元，营业收入达 696.35 亿元，吸纳就业人员 7.50 万人。未来，通过积极争取举办国内外大型会展和体育赛事，这一产业集群周边将成为国家级会展服务和文化体育新型城市区域，推动北京打造国际会展业中心城市，大大增强首都文化活力和张力。

表 2－5　会展活动产业集群规模以上企业总体情况

产业集群名称	企业（个）	营收（亿元）	利润（亿元）	资产（亿元）	人员（万人）	税金（亿元）
会展服务产业集群	267	252.48	9.83	291.51	2.55	9.41
奥林匹克公园文化体育融合产业集群	436	443.87	16.71	622.33	4.94	13.60

九、文化休闲产业集群

文化休闲产业集群主要依托北京历史文化、自然生态和旅游休闲资源，汇聚了前门、王府井周边区域，以及欢乐谷、世界公园等众多主题文化公园，还包括郊区县著名旅游设施，例如八达岭、十三陵等。此外，还包括正在规划建设中的以国家大马戏院、魔术之都为龙头的国家级展演中心、未来世界展示区、高科技文化艺术舞台和文化创意产业总部基地，将形成与未来科技城相呼应的未来文化城。据不完全统计，2012 年，该产业集群规模以上企业数量 100 余家，总资产达 134.81 亿元，营业收入达 150.47 亿元，吸纳就业人员 1.52 万人。未来，这一产业集群着眼传统与现代、文化与旅游、文化与休闲的融合发展，积极引导新型文化休闲城市功能区的建设，引导各类资源的合理开发利用。

表 2－6　文化休闲类产业集群规模以上企业总体情况

产业集群名称	企业（个）	营收（亿元）	利润（亿元）	资产（亿元）	人员（万人）	税金（亿元）
北京老字号品牌文化推广产业集群	110	147.82	3.65	130.19	1.42	3.48
未来文化城产业集群	17	2.65	－0.09	4.62	0.10	0.11

第三章　北京文化创意产业发展存在的问题

凭借得天独厚的资源优势和政府的大力支持，近年来北京文化创意产业发展取得了巨大成就，同时在新形势下面临着难得的发展机遇。但与规模化、集约化、专业化和标准化发展的要求相比，北京文化创意产业发展存在着空间分布过于分散、产业联系松散、发展方式相对粗放、文化与其他产业融合还不紧密、集聚化程度不高、品牌效益不明显和国际化水平不高等问题，影响着全市文化创意产业的健康发展。

第一节　发展方式仍相对粗放

党的十八大报告提出要加快转变经济发展方式，把推动发展的立足点转到提高质量和效益上来，并要求增强文化整体实力和竞争力。走结构优化、质量提高、效益提升的内涵式发展道路是今后文化创意产业发展的必然选择。当前形势下，北京文化创意产业发展方式亟待转变。

一、发展速度和质量的协调性不够

随着首都经济社会发展转型，各级政府都在寻找新的产业以替代传统产业和一般加工业。在国家和北京市文化产业发展政策的支持下，各区县都将发展文化创意产业作为调整产业结构和转变经济发展方式的重要选择，希望通过增加投入和建设文化创意产业集聚区等方式推动产业发展，形成新的经济增长点。在此背景下，全市建设了数量众多的文化创意产业集聚区，发展速度较快，产业规模不断扩大。但是，文化创意产业全市一盘棋、区县错位发展、行业统筹协调的局面一直没有形成，导致一些集聚区定位不明确，产业发展方向不清晰，产业发展集中而不集约；一些集聚区在培育文化创意产业时缺乏对文化创意产业发展特性的认识，在行业选择方面缺少差异化设计，导致行业竞争加剧，利润空间降低；还有一些集聚区忽视自身的发展条件和规律，存在简单模仿现象，这些都导致文化创意产业发展重速度而轻质量、重形式而轻内容，协调性亟待提高。

二、文化创意产业发展的核心要素投入亟待加强

文化创意产业发展的核心要素是人的智力、技术创新和知识产权保护，而当前政府和社会投入的重点，以及政策扶持的方向却仍然是资金、土地、劳动力等传统要素的投入，核心要素的投入亟待加强。由于政府的政策扶持导向会影响文化创意产业的市场方向，大量社会资金进入文化创意产业，对传统要素的大量投入一方面加剧了行业低端竞争，进一步挤压行业的利润空间；另一方面可能导致行业无序发展和混乱，出现类似土地利用效益较低、资源浪费等现象，影响文化创意产业的健康发展。而与此同时，真正的创新、创意要素的投入不足，导致文化创意产业的核心竞争力不强。在这种情况下，政府在政策扶持导向上向文化创意产业发展的核心要素倾斜尤为重要。

三、文化创意产业经济和社会效益仍有较大提升空间

在经济效益方面，与中国香港等相对发达的地区相比，首都文化创意产业劳动生产率并没有竞争优势。2012 年北京市文化创意产业平均劳动生产率为 144225 元/人，比 2008 年的 125831 元/人增长了 14.6%，但是仍远低于发达地区大城市。如 2012 年北京市文化创意产业平均劳动生产率仅为

伦敦该行业2007年劳动生产率的21%，为香港该行业2008年劳动生产率的24%。除中关村科技园区以外，北京大多文化创意产业集聚区处于产业发展的“弱势”地位，规模小，经济效益有待提高。很多集聚区产业位于产业链的低端环节（如生产加工环节），缺乏研发设计、交易、营销、衍生品开发等高端环节，产业利润空间较小。特别是围绕文化创意产业两大高端环节——设计和交易，至今尚未形成具有较大规模体量和较强产出效益的集聚区。

同时，在社会效益方面，文化创意产业是精神产品，代表着文化发展的趋势，是文化的风向标，文化创意产业的发展有利于促进民族的文化进步，在这方面北京文化创意产业发展仍有很大的提升空间。以旅游行业为例，北京是著名的旅游城市，但总体而言旅游对文化元素的挖掘不够，表现手段简单，一些环节存在庸俗化和过于追求经济效益的问题。商务服务业中低端商业业态比重较大，对文化元素的融合不够，缺乏必要的创新，与首都高端服务业发展的功能定位不相匹配。在挖掘北京传统文化资源的时候，应充分运用现代科技和市场策略，以现代方式激活传统文化资源。

第二节　产业融合发展仍需深化

党的十七届六中全会提出：“推动文化产业与旅游、体育、信息、物流、建筑等产业融合发展，增加相关产业文化含量，延伸文化产业链，提高附加值。”党的十八大指出，“发展新型文化业态，提高文化产业规模化、集约化、专业化水平”。随着新一轮科技革命初见端倪，第三次工业革命正在深化，科技创新已经成为经济社会发展的主要驱动力。就世界而言，二三产业融合发展已经成为一种新的潮流。以文化为核心、以创新为手段的文化创意产业作为知识密集型产业日益成为产业融合的新载体，在技术进步、规制放松、管理创新以及市场需求等动力因素的推动下，产业内涵不断丰富深化，产业边界不断延伸拓展，产业形态不断催生转型，文化与科技、金融、旅游、商务、农业等产业在产品、市场和产业组织等方面呈现的融合态势日益加深。推动文化产业与相关产业加速与深化融合发展，既是加快发展文化产业和推动文化产业成为首都经济支柱性产业的必然要求，也是转变经济发展方式、实现相关产业升级的迫切需要。就全市文化创意产业发展而言，相关产业融合发展的广度和深度尚需拓展，首都文化资源优势尚未充分发挥。

一、文化与科技融合有待加强

首都文化资源和产业水平、科技资源与创新优势都很突出，但是规模较大和技术水平较高的文化科技企业较少，很多文化科技企业存在特色不明显、产品质量不高、产品雷同等问题。一些文化创意产业项目存在低水平重复建设问题，尚未形成特色产业和核心竞争力，科技对文化的技术支撑和文化对科技创新的内容支撑没有很好地融合起来。文化产业发展中新技术集成应用较少，文化产业技术研发与创新水平不高，企业文化科技创新活力和动力不足，创意领域里的文化内容远远不能满足飞速发展的技术融合需求等。如在动漫、影视、新媒体等领域都缺乏创造力强的文化内容，对文化内容的深度挖掘能力有限，使得大多数融合产品成为展示高科技功能的宣传品，缺乏适应新技术表现形式和特色文化的新产品，核心创造乏力。

二、文化与金融融合期待创新

金融是产业发展的“血液”，推动文化产业与金融业的对接，不仅有利于大力拓展金融业的发展空间，更有利于文化产业的规模化和专业化发展，是文化创意产业发展的必然选择。但由于文化创意产业以中小微企业为主、企业软资产多而硬资产少、以人力资源为核心的企业资产形式缺乏稳定性，与金融业的融合需要很多体制和机制创新，实现文化与金融的深度融合在短时间内仍存在着诸多困难，期待进一步突破。

第三节　集约集聚程度尚需提高

集约化、规模化是党的十八大报告对文化创意产业发展的要求，意在通过对文化、科技、人才、资金等资源要素的充分利用，尽可能提高文化创意产业的经济产出效益，并通过企业规模或者产业规模扩大，带来更为丰厚的产出效益。尽管自“十一五”时期以来，北京市开始建设文化创意产业集聚区，但文化创意产业的集约和集聚程度仍需提高。

一、集聚区文化创意产业产值比重较低

自2006年起，北京市陆续认定了30个市级文化创意产业集聚区，在全市所有产业园区中，文化创意产业集聚区是数量最多的一类，经过多年发展，各类文化创意产业集聚区已经成为北京文化创意产业的重要载体，有些区县文化创意产业的集聚程度已经较高，如石景山区文化创意产业集聚区实现的收入占全区文化创意产业总收入近9成，朝阳区约为6~7成，海淀区约为3成以上①。但总体而言，全市文化创意产业的集聚程度并不高，根据2012年统计数据显示，在30个市级文化创意产业集聚区中，规模以上文化创意产业法人单位779家，仅占全市文化创意产业法人单位总数的10%左右，且入驻单位以中小企业为主，文化创意产业收入约1323.2亿元，仅占全市文化创意产业总收入的14.2%。

二、尚未形成具有较强影响力的产业集群

各级各类文化创意产业集聚区数量多，空间上分布较为分散，影响力仍有待提高。除了北京市认定的30个市级文化创意产业集聚区之外，大多

① 北京市委宣传部课题组. 北京市文化创意产业集聚区发展情况调研报告［R］，2011-10-25.

区县还建设了区县级的文化创意产业集聚区，也有一些自发形成的文化创意产业集聚区，数量多达200多个[①]。由于在全市层面上对产业发展缺乏有效的协调，导致文化创意产业集聚区建设空间上过于分散与过于集中并存，开发面积过大与产业用地紧张并存，文化企业空间邻近与产业联系松散并存。在实践中，文化创意产业发展有其自身的空间聚集规律，通常需要经过较长时间扩大自身规模，并通过并购等方式实现产业链延伸，因此，迄今为止全市大多集聚区并未形成规模大、产业链较为完善、在国内外影响深远的文化创意产业集群。

三、对行业的引领作用不明显

现有文化创意产业集聚区对文化创意各主要行业的引领作用不明显。由于文化创意产业具有自身的成长规律，通常需要经过较长时间完善其产业链布局和行业市场培育。一些集聚区虽然形成了相关企业的空间集中，但尚未形成密切的产业链、供应链、服务链和价值链联系，具有竞争力的大型文化企业较少，很多企业之间尚未形成错位竞争意识，主营业务相近的企业多集中在生产加工环节，并未形成明确产业分工，从而导致文化创意产业集聚区建设并没有很好地促进产业集群的形成，集聚区对行业发展的影响力不足，难以很好地引领相关行业做大做强。

第四节　品牌化效益亟待强化

品牌化发展是未来首都文化创意产业发展的现实路径。品牌是给拥有者带来溢价、产生增值的一种无形的资产，产品品牌、企业品牌以及与产业密切相关的区域品牌，不仅可以为文化创意企业带来良好的经济效益，

① 北京市级文化创意产业集聚区达30个，文创渐成支柱产业［N/OL］. 凤凰网，2012－06－27.

还可以辐射带动周边经济社会发展，甚至影响区域与城市文化的形成与发展。

一、大型品牌企业不多

北京文化创意产业集聚区的大型企业不多，而是以中小微企业为主体，企业普遍规模不大。尽管已经涌现出诸如完美时空、光线传媒、三辰动漫、金山软件等知名文化企业，但整体数量、规模、经济效益等方面，都与发达国家和地区存在很大的差距，品牌企业与品牌产品不多，品牌知名度不高，国际知名度和美誉度较高的品牌产品和企业更少，缺乏具有较强竞争力的大型跨国企业集团，难以带动整个行业的发展和国际化整体水平的提升。

二、核心行业缺乏品牌产品和企业

核心文化行业缺乏品牌产品和企业。集聚区在文化核心领域的发展有待加强，以文化内容为特征的文化基础领域对产业发展带动作用不够突出，文化艺术、新闻出版、广播影视业的规模和发展速度始终慢于软件、网络和计算机服务领域，具有自主知识产权的品牌文化产品和服务也较少。文化创意产业的核心领域如文化艺术、新闻出版、广播影视业等，行业规模相对较小，发展速度相对较慢，具有自主知识产权的品牌文化产品和服务也不多。2012 年软件、网络及计算机服务业的增加值、就业、资产、收入都以绝对优势继续保持龙头地位，增加值占文化创意产业的比重达到54%，其他八个行业产值比重均在10%以下，排名第二的新闻出版业产值比重多年来不断降低，2012 年产值比重仅占文化创意产业产值的9.4%。文化核心行业领域发展不足对首都文化创意产业的品牌化发展的负面影响深远。

三、缺乏文化领域的区域品牌和城市文化品牌

尚未基于文化创意产业集聚区形成良好的文化区域品牌。除了中关村

国家自主创新示范区的一些园区和北京 CBD 国际传媒产业集聚区等少数集聚区尚处于区域品牌形成的雏形期，大多集聚区尚未在国内外成为知名的品牌。

基于文化创意产业集聚区的城市文化品牌不突出。首都文化创意产业各领域尚未形成一批知名的园区或者集聚区品牌，能够带动产业发展的龙头企业较少，享誉国内外的知名企业品牌和产品品牌不多，难以形成文化创意产品品牌、企业品牌和聚集区品牌的互动发展，不利于提升北京文化产业的整体竞争力和影响力。由于品牌化发展效益不明显，首都文化创意产业的辐射带动作用仍需增强，与北京市作为国家文化中心和先进文化之都的功能定位存在一定的差距，与具有世界影响力的科技文化创新之城差距更大。

第五节　国际化水平仍需提升

“十八大”报告指出，文化实力和竞争力是国家富强、民族振兴的重要标志，要扩大文化领域对外开放，积极吸收借鉴国外优秀文化成果。2013 年 11 月发布的《中共中央关于全面深化改革若干重大问题的决定》也指出要提高文化开放水平，扩大对外文化交流，加强国际传播能力和对外话语体系建设，推动中华文化走向世界，并指出企业是推动文化开放的主体，培育外向型文化企业，支持文化企业走出去。因此，国际化是北京文化创意产业发展的必然要求和基本趋势。

“十一五”以来，随着北京市深入贯彻落实《关于进一步加强和改进文化产品和服务出口工作的意见》（中办发〔2005〕20 号）和《关于鼓励和支持文化产品和服务出口的若干政策》（国办发〔2006〕88 号），不断创新“走出去”的机制体制，鼓励和培育会展、体育、影视、音乐、演艺、科技等节庆活动和文化品牌，文化创意产业国际化进程加速，但产业的国际化水平仍然不高。

主要文化产品的市场占有率仍然较低。近年来北京市积极推进文化创意产业发展的国际化进程，不仅搭建了北京国际电影节、北京国际设计周、北京文博会、科博会等国际文化交流的高端平台，扶持外向型文化企业，鼓励原创文化产品出口，扩大了中国文化的全球影响，还积极引进世界优秀文化产品，做到“走出去”和“引进来”相得益彰。但是总体而言，北京文化创意产品进出口规模偏小，企业的国际竞争力不强，具有国际影响力的出口产品和企业少，进出口严重失衡，文化资本输出规模小，在诸多文化领域的控制力很低，辐射能力弱，主要文化产品的国际市场占有率很低，资本输出规模小，控制力弱，距离世界文化中心城市还有一定差距。以文化活动为例，除少数文化情况外，北京企业所承办的文化活动在国内外的影响力大都较为有限。

尽管北京文化产品在全国具有举足轻重的地位，但进出口贸易额规模偏小，在世界的影响较小。从全国范围来看，北京地区文化产品进出口规模在全国各省（市）排名居第 12 位，占同期全国文化产品进出口规模的 2.6%；其中进口排名第 1 位，占同期全国文化产品进口规模的 30.7%；出口排名第 19 位，占同期全国文化产品出口规模的 0.7%①。2012 年全市文化创意产品进出口总额为 6 亿美元，按照当年汇率，约合人民币 39.9 亿元，不足当年文化创意规模以上企业营业收入总额的 0.5%，远低于发达国家的比重，甚至低于世界各国的平均比重。2012 年北京文化创意产品进口额远大于出口额，进口 4.4 亿美元，而出口仅为 1.6 亿美元，且进口增速远高于出口增速。尽管截至 2012 年底，北京地区在境外上市的文化企业已达 15 家②，但是，一方面，文化创意产业缺乏具有强大国际竞争力的跨国企业，缺少具有国际知名度和美誉度的品牌产品，影视、新媒体、设计、出版、文化艺术等主要文化产品的国际影响力不足，缺乏国际竞争

① 北京海关．2012 年北京地区进出口稳中有升 年度外贸规模突破 4000 亿美元［EB/OL］．中国海关总署，2013－01－24.

② 成琪．北京文化产品进出口规模达 6 亿美元 居全国之首［N/OL］．中国经济网，2013－05－31.

力；另一方面，外向型文化企业普遍缺乏具有国际文化经营视野和能力的高端人才，缺少高效的商业运营团队，缺乏原创性和核心性的知识产权，开拓国际市场的经验不足，市场的规范运作能力较弱，首都文化产品在整体上缺乏较强的国际影响力。

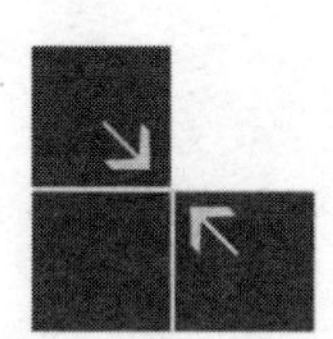

第二部分

探索篇

第四章　北京特色文化创意产业集群的发展实践

空间集聚是文化创意产业集群化发展最突出的特征，随着运输、通信领域中关键技术的进步，分工逐渐深化，文化创意产业的经营方式和空间组织方式也随之发生了深刻变化，文化创意产业发展由行业集聚向功能集聚转变已经成为一个重要趋势。北京作为文化创意产业发展的先锋城市，按照土地集约、产业集聚、功能集中的原则，已经初步形成了一些发展较快、规模较大、颇具特色的文化创意产业集聚区域。这些区域将文化创意产业集聚区作为主要载体，完善政策体系，搭建服务平台，通过重点企业的培育和重大项目的实施，实现功能整合、跨区域布局，成为未来北京文化创意产业功能区规划建设的雏形，其发展经验值得总结借鉴。

第一节　文化科技融合产业集群发展实践

当前，国际主流文化产品越来越呈现出文化与科技有机融合的趋势。文化机构借助科技创新的力量，推动自身业务的转型升级；科技企业渗入文化创意产业，寻找新的业务增长点。文化与科技融合发展逐步成为从中央到地方的共识。2012 年 5 月，科技部与中宣部、文化部、广电总局、新闻出版总署五部门共同认定了首批国家级文化和科技融合示范基地（国科发高〔2012〕631 号）。

北京市确立了科技创新和文化创新“双轮驱动”的发展战略，研究制定《关于实施“双轮驱动”战略 加快推进文化科技融合发展的意见》和《北京市推进文化和科技融合发展三年行动计划（2013—2015）》，推动文化科技融合发展。建设文化科技融合示范功能区是适应北京市文化创意产业发展需求，实施科技创新和文化创新“双轮驱动”战略的必然要求①。

海淀园作为中关村科技园区的主体功能区，一直发挥着创新引领的带动作用。当前，作为中关村国家级文化和科技融合示范基地的核心，海淀园正在大力实施科技创新和文化创新双轮驱动战略，促进文化和科技进一步融合，构建结构合理、门类齐全、科技含量高、竞争实力强的文化科技创新体系。以中关村海淀园为核心申报的北京中关村国家级文化和科技融合示范基地于2012年5月获批成为首批国家级文化和科技融合示范基地之一。作为探索文化提升科技创意、科技支撑文化创新的文化科技融合发展重点区域，海淀园文化科技融合产业集群不断发展壮大。

一、发展历程

中关村的发展历程概括起来是从自发集聚的电子一条街到先行先试的国家文化和科技融合示范基地，其发展模式是典型的自发形成与后期政府规划引导模式，是市场和政府两种力量结合的结果。

（一）中关村电子一条街

20世纪80年代初，中国科学院物理研究所研究员陈春先等在中关村成立北京等离子体学会先进技术发展服务部，② 开启了科技人员创业序幕。1984年开始，一批科技人员在中关村创办民营科技企业，形成集聚，被称作“电子一条街”。这一时期是中关村企业初创期，产业环境并不成熟，但是依靠着浓厚的改革气息和机制的创新，第一代IT企业纷纷成长起来。

---

① 首批国家级文化和科技融合示范基地情况介绍［J］. 杭州科技，2012（3）：26－31.

② 发展历程．中关村国家自主创新示范区网站，http：//www. zgc. gov. cn/sfqgk/55179. htm.

（二）北京市新技术产业开发试验区

1988 年 5 月，《北京市新技术产业开发试验区暂行条例》经国务院正式批准。该条例规定，以中关村地区为中心，在北京市海淀区划出 100 平方公里左右的区域，建立新技术产业开发试验区，试验区内经认定的新技术企业可以享受相关政策优惠。这一时期，中关村获得了更多的政策支持，创业环境和融资渠道都有了较大改善，中关村高新技术产业显著发展。

（三）中关村科技园区

1999 年 6 月，北京市政府和科技部《关于实施科教兴国战略，加快建设中关村科技园区的请示》（简称《请示》）经国务院国函〔1999〕45 号文件正式批复，原则同意《请示》中关于加快建设中关村科技园区的意见和关于中关村科技园区的发展规划。同年 8 月，“北京市新技术产业开发试验区管理委员会”被正式更名为“中关村科技园区管理委员会”。

批复后的中关村科技园区，在政府的大力支持下，研发与创新实力不断加强，很多企业利用中关村独特的产业环境，在短时间内打造出知名品牌，创造了企业快速成长的奇迹。政府专业园区服务机构的服务模式初具雏形；越来越多的资本运作成功进入中关村，创业投资引导管理体系日益成熟，创业环境持续改善。中关村从此进入了非常快速的飞跃式发展阶段，并初步形成了一区多园多基地的空间布局。

（四）国家自主创新示范区

2009 年 3 月，中关村成为第一个国家级自主创新示范区，目标是建设成具有全球影响力的科技创新中心。4 月 1 日，北京市批复同意在海淀园建设中关村国家自主创新示范区核心区。2010 年 12 月 23 日，《中关村国家自主创新示范区条例》经北京市十三届人大常委会第二十二次会议表决通过。

批复后，中关村积极开展先行先试，出台了一系列新政策、新举措，如股权激励试点、科技金融创新试点、科技重大专项项目间接经费试点等各项试点工作取得了较好成果。

（五）国家级文化和科技融合示范基地

2012年5月，以海淀园为核心建设的中关村国家级文化和科技融合示范基地获批成为首批国家级文化和科技融合示范基地之一，按照先行先试、融合发展、辐射带动、开放交流原则，建设文化和科技深度融合、创新能力强、产学研相结合的文化科技创新体系。①

二、发展现状

（一）产业规模全市领先

中关村经过30多年的建设发展，形成了新一代通信、下一代互联网、节能环保等高新技术产业集群，聚集了2万余家高新技术企业。中关村技术创新、制度创新等始终在全国发挥引领作用，居于重要地位。2012年中关村示范区实现总收入2.5万亿元，同比增长25%以上；高新技术企业增加值超过3600亿元，占北京市GDP比重达到20%。其中，海淀园实现总收入10665.75亿元，比上年增长21.4%。②

海淀区文化创意产业规模一直居于全市首位。“十一五”期间，海淀区文化创意产业收入由2006年的1285亿元增加到2010年的2842亿元，年均增加400亿元。2012年海淀区文化创意产业收入达到3840亿元。

海淀区规模以上文化创意单位稳定在2800家左右，占全市总量的1/3，集中了一大批优秀领军企业。③ 网络传媒业，拥有百度、新浪、搜狐、乐视、优酷、奇艺等领军企业；数字出版业，拥有同方知网、世纪超星、方

---

① 李苑，韩业庭．首批16家国家级文化和科技融合示范基地［N］．光明日报，2012-05-21（第10版）．

② 海淀区2012年国民经济和社会发展公报．海淀区统计局，2013-04-22．

③《海淀区文化创意产业发展报告（2012）》发布［EB/OL］．北京市海淀区人民政府官网，2013-04-01．

正阿帕比、龙源期刊等优秀企业；数字影视业，拥有歌华有线、永新视博、时代今典等知名企业；动漫游戏业，拥有完美世界、金山游戏、光宇华夏、麒麟网等杰出企业；设计服务业，拥有清华大学等设计教育培训机构以及中国城市规划设计研究院、清华城市规划设计研究院等优秀设计机构；文化装备业，拥有中科大洋、新奥特、数码视讯、捷成世纪等龙头企业。

（二）创新资源要素集中

国家持续在海淀区投入大量人力资源和科教资源，形成了中国最为密集的人力资源和科教资源聚集区。中关村海淀园区域内有 78 所高等学府、251 个科研院所、300 多座图书馆、50 多家出版社，“两院”院士超过全国 1/3。

为了促进以数字技术、信息技术为代表的高新技术与文化产业互促共荣，“十一五”期间北京市认定了中关村创意产业先导基地、中关村软件园、清华科技园三个市级文化创意产业集聚区，其中中关村创意产业先导基地分布有新闻出版总署国家网络游戏动漫产业发展基地、科技部国家数字媒体技术产业化基地，已经成为文化创意产业的成果转化基地、企业孵化基地和人才培育基地。海淀区认定了一批区级集聚区，包括中央新影动漫产业城、东升科技园、中海动漫孵化器、768 设计产业园、五棵松文化休闲区等。西山文化创意大道、甘家口建筑工业设计带、北太平庄影视产业带等文化创意集聚产业带也在政府的推动下快速发展。此外，还拥有联想、百度等 1 万多家各类高科技企业，数量位居全国高新区首位。涌现了搜狐、水晶石等一批科技实力与创新能力领先的知名龙头企业，并在虚拟现实技术、数字内容制播、网络游戏开发引擎和平台技术等领域形成了突出优势，领先全国。近年来，跨国公司纷纷入驻海淀园区，园区已成为世界 500 强在华设立分支机构和研发中心最密集的区域，是全球创新网络的重要节点。这些产业集聚区、产业园、产业带和龙头企业具有先进的创新研发平台，引领着文化科技融合的新浪潮，为海淀区发展文化创意产业提供了强大的科技支持。

（三）文化和科技融合特征明显

海淀区文化创意产业总收入中软件、网络及计算机服务业所占比重最大，占比达到三分之二。软件网络及计算机服务、广播电视电影、设计服务3个行业在16个区县中排名第一。网络媒体业、动漫游戏业、数字出版业、设计服务业、数字影视业、文化装备业6个细分行业，海淀具有全国竞争力，集中了一大批优秀领军企业。[①]

科技与文化融合发展，为文化创意产业发展注入了新活力，催生了一批新兴文化创意企业，有力带动了文化创意产业的发展。例如，新兴软件公司的代表趣游科技集团有限公司于2010年成立，仅用三年时间就实现年收入6.2亿元，2012年1—11月收入达10亿元，趣游3D网页游戏已登陆港澳台地区及日韩、新马、北美、欧洲、南美等海外地区，建立了国内首个基于Openstack的全球化云计算服务平台——趣云平台，利用云技术实现网页游戏的研发和运营，并为中小型开发团队提供免费的服务器资源，带动一批中小企业走向国际市场，走出一条独具特色的科技与文化融合发展之路。

（四）文化创意产业空间布局不断优化

近年来，立足北京市文化创意产业空间发展布局，海淀园与海淀区文化创意产业“一道五园三基地”的空间布局相融合，积极打造文化创意产业链条，发展文化创意产业新兴业态。通过“南优北拓”优化了产业空间布局，进一步整合了海淀园的文化与科技创新资源。

三、发展举措

（一）创新体制机制

调整完善全区文化发展工作领导体系，建设由决策、咨询和执行机构

① 海淀区：着力打造文化和科技融合基地［N］．中国文化报，2013－05－16（第4版）．

共同组成的“1+1+6”文化发展工作体系。[①] 文化科技融合专项工作组主要负责推动文化科技融合发展，负责国家级文化和科技融合示范基地建设，统筹推动数字内容产业和文化装备产业的发展，决策部署重大规划和重点工程。

（二）完善政策措施

加强文化和科技融合发展专题研究，编写《海淀区文化和科技融合发展报告（2012）》蓝皮书。出台了《关于率先形成文化大发展大繁荣新格局的实施意见》，提出到2020年形成文化大发展大繁荣的格局，在文化创意产业方面，将研究制定先行先试政策。制定实施《推动文化和科技融合发展行动计划（2013—2015年）》，明确了文化和科技融合未来三年的发展方向：文化技术取得重大突破；文化科技产业快速发展，文化创意产业总收入超过5000亿元；提高公共文化数字化网络化服务水平。[②] 制定出台文化科技园区、文化科技企业的认定办法，加快高新技术产业相关政策在文化科技融合领域的实施。[③]

（三）增强财政金融支持

积极探索文化金融、科技金融创新，充分发挥政府投融资平台的撬动和引导作用，吸引社会资源投资文化科技融合建设。海淀区专项资金在文化科技融合领域的投入力度逐步加大，区财政对市、区共建的重大文化科技融合项目给予一定额度的配套支持。

（四）完善服务支撑环境

搭建文化和科技信息共享平台；举办各种交流展示活动，例如文化科技融合论坛、成果博览会等，建立健全文化科技融合统计制度、绩效评价

---

① “1+1+6”：第一个“1”指“海淀区文化发展领导小组”；第二个“1”指“海淀区文化发展专家委员会”；“6”指“文化科技融合组、文化消费提升组、公共文化服务组、文化精品创作组、文化人才发展组、文化研究与服务组”。

② 海淀区《推动文化和科技融合发展行动计划（2013—2015年）》.

③ 海淀区：着力打造文化和科技融合基地［N］. 中国文化报，2013-05-16（第4版）.

体系和动态监测制度。①

（五）稳步推进重点项目

大力推进人大文化科技园项目，建设国家级版权贸易基地和完善的版权要素市场，打造综合性的文化创意产业公共服务平台；重点建设中央新影纪录影视产业园、中关村数字电视产业园，将其分别打造为世界知名的亚洲纪录影视中心和中国数字电视产业技术中心、展示体验中心；大力建设中关村国际数字设计中心、768 创意产业园，助力北京建设世界一流设计之都。以融合发展的思路充分挖掘海淀区的历史、文化、旅游优势资源，通过组建海淀区演出联盟、打造中关村演艺大道、推进西山文化创意大道、引进中国工艺艺术品交易所、建设三山五园历史文化景区来促进产业发展。

四、发展启示

中关村 30 多年的高速发展取得了世界瞩目的成就，成为科技产业发展的成功范例，其发展路径可以总结为：依托独特的区位优势和国家与地方的大力支持，在雄厚的科技、人才、资本等创新要素基础上，走上市场导向与政府扶持有机结合的发展道路。中关村体制机制、组织管理等方面的创新，以及政府针对它出台的关于金融、税收、产业扶持等方面的专项政策，以及一系列引进、培养人才的政策等，都是北京发展文化创意产业、建设文化创意产业功能区值得借鉴的地方。

（一）体制机制创新

从科研人员创办的第一批民营科技企业崛起，形成“两不四自”原则，到第一部科技园区的法规——《中关村科技园区条例》诞生，再到中关村国家自主创新示范区先行先试政策体系，无一不体现出体制机制的破冰与创新。

---

① 海淀区：着力打造文化和科技融合基地［N］. 中国文化报，2013－05－16（第4版）.

以陈春先为代表的第一批中关村科技人员率先突破传统观念和旧体制的束缚，创办民营科技企业。海淀区为这些从体制内走出的创业者提供了很多帮助，例如以知青企业的性质为中关村科技人员创办的企业提供税收优惠。民营科技企业发展过程中形成了“两不四自”原则（不要国家编制，不要国家投资；自由组合、自主经营、自筹资金、自负盈亏），打破了当时计划经济时代科学技术发展的枷锁，使得科技人员开始能支配一部分科技转化的财富。

中国第一部科技园区的法规——《中关村科技园区条例》也诞生在这里。《中关村科技园区条例》为新世纪中关村知识经济的发展奠定了法律基础。这部条例从形式到内容都有着异于往常的创新，它所蕴涵的精神、理念，所建立的原则和制度，均显示出国人对市场经济体制的最新理解。例如首次提出“法无明文规定不为过”原则，只要不是国家禁止的，中关村的组织和个人就可以自由探索，真正发挥其主动性、创造性。中关村国家自主创新示范区建设明确定位为“深化改革先行区”，开始实施“1+6”鼓励科技创新和产业化的系列先行先试改革政策，中关村的发展迈向体制机制改革和创新的深化发展阶段。

（二）市场与政府有机结合

中关村的发展壮大是市场与政府有机结合的成果。在企业自发聚集形成一定规模以后，政府介入，通过制订科学合理的发展规划，明确功能定位和空间布局，解决区域发展过程中面临的问题，引导产业升级，完善公共配套和服务设施，推动区域实现规模效益。

在1988年以前，“中关村电子一条街”的形成属于市场导向的自发为主的模式。在这一阶段，中关村由于地域上靠近北京大学、清华大学等高校和中国科学院等科研院所，因此，大批科技人员选择在这里创业。但是，仅仅依靠市场机制，难以在短时间里形成高新技术产业的集聚，难以形成区域创新体系，还需要政府的引导和扶持。1988年国务院颁布《北京市新技术产业开发试验区暂行条例》以后，中关村发展进入市场导向与政府调控相结合的发展阶段，实现规范化、规模化发展。[①]

（三）完善政策支持体系

1988 年 5 月，《北京市新技术产业开发试验区暂行条例》经国务院批准实施，条例规定以中关村地区为中心划出 100 平方公里左右的区域建设北京市新技术产业开发试验区，区内经认定的新技术企业可以享受相关政策优惠。在此基础上，北京市政府很快出台了一系列相应配套政策。此后，国家和北京市都制定了大量扶持高新技术产业发展的优惠政策，极大地促进了中关村的产业发展。

2009 年国务院批复中关村建设国家自主创新示范区后，2010 年底同意在中关村实施“1 + 6”系列先行先试政策，即搭建 1 个中关村创新平台，支持中央级事业单位科技成果处置权和收益权改革、科研经费管理改革、股权激励、高新技术企业认定、税收优惠和建设全国场外交易市场 6 项改革政策。2013 年 9 月，财政部联合科技部、国家税务总局等部委发布了《关于在中关村国家自主创新示范区开展高新技术企业认定中文化产业支撑技术等领域范围试点的通知》（国科发高〔2013〕595 号）等四条新政策，优化中关村创新创业环境加大对文化科技融合企业发展的支持。

第二节 文化金融融合产业集群发展实践

随着文化创意产业的繁荣发展，与其他产业的融合日益加速，文化创意产业与金融业融合发展，既是加快发展文化创意产业、推动文化创意产业成为国民经济支柱性产业的必然要求，也是转变经济发展方式、实现金融行业升级的迫切需要。文化产业的高速发展及进一步的产业升级昭示着其需要更大的资金、人力、物质的投入。在金融方面，尚存在文化产业估

① 齐园．“中关村模式”的内涵、问题及对策研究［J］．开放导报，2010（2）：80 - 84.

值量化困难、投资渠道不畅、文化产业投资风险高变现难、投资方式不丰富等问题。要解决这些问题，就迫切需要金融与文化产业的有效对接和融合，加快推进金融改革和发展，为文化产业发展提供良好的金融环境，搭建文化金融平台，加强金融机构与文化企业之间的沟通了解。

北京既是全国性金融中心，也是环渤海经济圈内金融产业集聚程度最高的城市，为文化与金融的融合提供了得天独厚的发展条件。大力发展文化金融融合产业，能够提高资源配置效率，促进文化产业、金融产业升级，保持经济持续稳定的增长。北京市第十一次党代会指出，"进一步优化首都金融发展环境，加快建设文化金融创新中心"。《北京市人民政府关于促进首都经济发展的意见》、《关于金融支持首都文化创意产业发展的指导意见》等政策文件，都要求通过推进金融创新加大对文化创意产业的支持力度。

2012 年 8 月，北京出台了《关于金融促进首都文化创意产业发展的意见》，提出大力促进首都文化资源与金融资源的全面对接，构建涵盖"文化信贷"、"文化保险"、"文企上市"、"文化要素市场"、"文化股权投资基金"、"文化投融资体制改革"、"文化金融综合试验区"、"文化信用增进"、"文化金融人才"的"九文"文化金融服务体系。西城区是首都功能核心区，作为北京建城和建都的肇始之地，文化底蕴深厚、文化资源丰富。同时，位于西二环核心地段的金融街，是北京市委、市政府所确定的首都金融产业主中心区。根据北京市"十二五"发展规划，金融街的定位为国家金融管理和金融总部功能主要承载区。经过 20 多年的发展，金融街已发展成为集决策监管、支付结算、资产管理、标准制定、信息交流为一体的国家金融管理中心和具有国际影响力的金融中心，全国近一半的金融资产、90% 以上的信贷资金、65% 的保费资金集聚在这里，其金融创新能力和发展潜力在全国领先，① 成为文化金融融合产业集群发展的首选区域。

---

① 西城区新闻中心．西城区：金融文化双轮驱动提速区域发展［N］．北京日报，2013 - 05 - 28（第 4 版）．

一、发展历程

金融街位于西二环东侧，这里在清代即遍布金坊、银号，商贾云集。至清末，户部银行即设于此，后改称大清银行，民国元年又改为中国银行。1992年，西城区成立“北京市金融街建设开发公司”，开启金融街建设步伐。1993年10月，《北京城市总体规划（1991—2010年）》经国务院批准，提出“在西二环阜成门至复兴门一带，建设国家级金融管理中心，集中安排国家级银行总行和非银行金融机构总部”①。1994年金龙大厦、通泰大厦等首批项目开工建设。2006年占地32公顷的金融街中心区全部竣工，总计建成72个项目，402万平方米各类建筑。2003年，西城区人民政府成立金融服务领导小组；2009年西城区人民政府设立金融服务办公室、功能街区产业促进局，促进西城区金融产业发展、金融服务和金融环境建设工作。

1997年中国证监会进驻金融街，到2003年中国保监会入驻，中国金融监管机构“一行三会”全部落户金融街。目前，金融街区域内聚集了1200多家各类金融机构，其中法人机构490多家，包括中国人民银行、银监会、证监会、保监会等国家金融管理机关，中国银行业协会等10余家全国性金融行业协会，建设银行、工商银行等国内前5大金融机构，国家电网等近20家世界500强企业总部，摩根大通、安盛、瑞士银行等世界500强的外资金融机构在华法人机构和地区总部。②

当前，西城区充分依托金融企业总部集聚的产业优势，加快推进文化金融融合发展，2010年1月，率先成立了针对文化创意产业的金融服务中心；2012年，西城区与北京市国有文化资产监督管理办公室合作，着力建设面向全国的文化金融创新中心。

---

① 胡小友．金融街在应对金融危机中凸显实力［J］．数据，2009.

② 西城区新闻中心．西城区：金融文化双轮驱动提速区域发展［N］．北京日报，2013-05-28（第4版）.

二、发展现状

（一）金融集聚居于全国领先

金融街是国内第一个大规模整体定向开发的金融产业功能区，现已成为中国金融业最具影响力的金融聚集区，产业聚集度全国领先、人民币资产流量最大、税收增长速度最快。汇集了中国金融业监管部门总部（一行三会），集中了大部分国内大中型银行、保险、金融集团总部，云集了相当数量的世界金融巨头以及众多的分支机构网点，吸引了中国移动、中国联通、中国大唐、长江电力等大型企业。

2012 年前三季度，金融街金融业法人单位 400 多家，金融从业人员 17. 4 万人。金融业实现增加值 840. 2 亿元，占北京市金融业增加值的 45. 7%；实现营业收入 3766. 3 亿元，利润 2009. 6 亿元；实现三级税收 2249. 8 亿元。金融机构总资产达到 62. 1 万亿元，占全国金融资产总额近一半，金融资产集中程度位居全国第一。[①]

（二）新兴金融机构加速聚集

2012 年一季度，27 家金融机构落户金融街地区，注册资本金 126. 5 亿元，其中近一半来自于新兴业态。据统计，27 家新增金融机构中，资本市场服务类机构 12 家，货币金融服务类机构 9 家，保险业机构 6 家。其中，股权投资、产业投资、市场服务类等新兴业态占新增机构总数的一半，北京昆融投资中心和中证资本市场发展监测中心是两家规模最大的新兴金融机构。[②]

（三）文化金融融合创新起步

文化金融融合发展重点项目——“新华 1949”文化金融创新中心正在

---

① 余雪菲．金融街论坛将于 18 日在京举行［N］．国际金融报，2012 - 11 - 15（第 2 版）．

② 汤一原，吴迪．新兴金融机构加速聚集金融街［N］．北京日报，2013 - 05 - 15．

紧锣密鼓地建设。2011 年 11 月，西城区政府与中国印刷总公司签订共同推进“新华 1949”文化金融创新中心建设与发展的战略合作协议。约定双方将加强园区宏观规划协调，保证入驻企业的高端化和精品化，提升园区的空间承载效率，以文化金融业为引领，打造国际化、高标准、产（文化创意产业）融（金融服务）商（商业支持）一体化的文化创意产业聚集区。“新华 1949”文化金融创新中心在北京新华印刷厂老厂区基础上改造而成，经过筹备、规划和施工，规模已达 4.5 公顷，总建筑面积 5.5 万平方米。中心内建筑主要在原有建筑上进行改造提升，保证旧屋新用、高效环保。百老汇国际音乐会工厂（Musical Theater Works International）、西城原创音乐剧基地、北京市文化资产管理办公室等多家机构和企业已经入驻园区。其中，西城原创音乐剧基地是国内首个集原创音乐剧生产、服务和孵化功能为一体的多功能全产业链平台，它的成立填补了我国空白。未来，该中心将成为北京文化金融产业对外展示、交流、合作的重要窗口，构建文化创意产业、金融支撑服务、商务配套支持为一体的“产”、“融”、“商”品牌和平台。①

三、发展举措

文化与金融双轮驱动，是西城区文化创意产业发展的优势和基础所在。西城区积极推动文化创意产业与金融业融合发展，加快建设文化金融创新中心。

2010 年 1 月，西城区在全国率先成立了针对文化创意产业的金融服务中心；2012 年，西城区与北京市国有文化资产监督管理办公室合作，以理念创新、形式创新、服务创新和政策创新为基点，努力争取国家相关先行先试政策，着力建设面向全国的文化金融创新中心。

“新华 1949”文化金融创新中心正在快速建设，西城区对北京市文资

① 西城区新闻中心．西城区：金融文化双轮驱动提速区域发展［N］．北京日报，2013－05－28（第 4 版）．

办及所属新建文化创意产业发展机构的入驻，在房租补贴、享受政策、配套设施等方面提供了优质服务。“新华 1949”文化金融创新中心作为文化金融融合功能示范园，将发挥金融街资源优势，构建和完善投融资服务体系，开展金融产品创新，打造服务北京、辐射全国的文化金融创新服务平台，建设集展示交流、成果发布、论坛会议、商务洽谈、临展活动、网络资讯平台多功能于一体的综合性展示体验中心和北京文化金融产业对外展示、交流、合作的重要窗口。市文资办及所属文化创意产业发展机构的入驻，将有助于形成文化金融创新的服务平台和政策体系，将会吸引更多的文化金融机构集聚发展。

四、发展启示

金融街的形成和发展壮大很大程度上得益于政府主导、企业运作的开发模式，同时遵循着产业导向、统一规划的原则，其独特的开发模式值得借鉴。

（一）政府主导，政策扶持

在金融街开发初期，政府的力量起到主导作用。1992 年，西城区在西二环建设金融一条街的请示获北京市计委批准；西城区政府成立北京金融街建设开发指挥部办公室，结合旧城改造开始建设金融街。1993 年，《北京市城市总体规划》通过国务院批复，同意金融街建设，提出建设国家级金融管理中心，集中国家级银行总行和非银行金融机构总部。[①] 1994 年，北京市政府在工作报告中强调要加快金融街的建设。《1996—2010 年北京市经济发展战略研究报告》中提出了高新技术产业、金融保险业等 15 年内经济发展的战略重点，其中包括金融街的建设。

政策的扶持主要体现在土地、财政等优惠政策上。在一期开发中，西城区政府实施了大量优惠政策，用以吸引金融机构入驻，例如，对入驻的

① 胡小友. 金融街在应对金融危机中凸显实力 [J]. 数据，2009（3）：24 - 25.

机构给予减免税收、补贴、将土地以较低的价格划拨等优惠。

在金融街二期开发中，政府虽然逐渐在微观操作层面退出，但是在政策支持方面仍然持续。西城区政府2001年制定了《关于加快北京金融街建设的意见》；2003年，制定了《西城区人民政府关于促进金融产业发展的意见》，提出加快金融街建设，对入驻的金融机构提供税收、办公用房租金等优惠政策；为金融机构工作人员提供人事管理、教育、住房等服务；成立“西城区金融产业促进办公室”等专门机构，营造有利于金融产业发展的环境。2005年，积极协助北京市出台了《关于促进首都金融产业发展的意见》等，对金融产业发展导向、优惠政策、投资环境优化等方面做出了一系列规定。

（二）企业改制，市场运作

金融街开发进入二期以后，政府逐渐退出具体操作领域，在市场定位、资金筹集、规划开发等方面更多地依靠企业进行市场化运作。

金融街控股股份有限公司是金融街唯一授权的一级土地开发企业。金融街控股股份有限公司最初是1992年成立的金融街建设开发公司，主要负责金融街地区的拆迁事务，资金来源主要是政府拨款。1998年，公司改制为政府控股的北京金融街建设开发有限责任公司，成为独立法人，进入市场，开始通过与投资商合作的方式涉入房地产的二级开发。2000年，北京金融街集团“借壳”重庆华亚现代纸业股份有限公司上市，改名为北京金融街控股股份有限公司，之后，通过收购北京金融街建设开发有限责任公司、金融街地区土地开发关联资产等，获得金融街地区独家开发权，① 成为政府控股、多种所有制持股、独立进行金融房地产开发的企业。

2000年以后，金融街区域的房地产开发基本上由金融街控股股份有限公司按照市场规律自行运作。金融街二期的二级开发规划采用了市场化的

① 金融街成功借壳上市案例剖析［N］. 中国房地产报，2003-10-10.

国际招标形式，不再是政府主导的行政规划。金融街控股股份有限公司邀请了来自日本、德国、美国和加拿大的四家国际领先设计公司，分别提供设计规划方案，最终中标的是美国 SOM 公司的规划设计方案。①

第三节　传媒产业集群发展实践

“CBD—定福庄国际传媒产业走廊”是北京传媒产业集群发展的典型区域，该区域以中央电视台、北京电视台等龙头企业为引领，重点发展人才培养、创意设计、内容原创、策划制作、生产包装、交易投资、展示播出的完整传媒产业链条。

当前，各类传媒类企业、人才、资本等要素资源快速向这一区域聚集，产业辐射带动效应不断增强，区域功能不断巩固提升②。传媒走廊 2011 年产值达到 1036.5 亿元，成为全国首个年产值超过千亿元的传媒文化产业功能区。③ 2013 年，传媒走廊空间布局和产业发展规划完成，空间上传媒走廊包括 2 个产业功能区，即 CBD 商务中心区和定福庄传媒文化产业区；产业上，CBD 地区以文化传播、投融资和展示交易等为主，定福庄地区以内容创作、生产和服务以及人才培养等为主。④

传媒走廊功能区建设能够推动传媒产业从“空间上简单集聚”到“企业之间建立业务协作，打造产业链”，再到“形成具有创新能力和竞争优势的传媒产业功能区”。

---

① 刘增，张晓伟．“金融街”房地产的开发历程——基于政府、市场力量进退的演变分析［J］.时代经贸，2006，4（42）：12－14.

② 李焱．传媒走廊三年产值翻番［J］．投资北京，2013（1）：75－76.

③ CBD—定福庄国际传媒产业走廊产值三年实现翻番［EB/OL］．中国日报网，2012－12－21.

④ 饶沛．CBD—定福庄传媒走廊规划完成［N］．新京报，2013－09－09（A07 版）.

一、发展历程

（一）CBD 国际传媒集聚

传媒走廊西端的 CBD 地区，是北京六大高端产业功能区之一，自 2000 年开始建设以来，高端产业聚集效应日益明显，产业形态、空间形态初具规模，入驻企业达 19000 家，其中规模以上企业有 8900 家，年均增长 27%；注册资本过亿元企业 184 家。CBD 地区已形成以国际金融为龙头、高端商务为主导、国际传媒聚集发展的产业格局。① 文化传媒企业集聚明显，既有大型传媒企业，如中央电视台、北京电视台、凤凰卫视等；也有国内影响力领先的媒体机构，如人民日报、北京青年报、北广传媒等；还有数量占全市 90% 以上的国际知名传媒机构，如英国 BBC、美国 CNN、华尔街日报、时代华纳、美联社、法新社等。②

（二）央视搬迁带动配套企业

2009 年 5 月，CBD 东扩方案获批，随着 CBD 对周边地区的带动发展，传媒业开始东移。伴随着中央电视台、北京电视台等大型传媒企业的进入，传媒产业链上大量相关的上下游中小配套企业随之而来。但是作为北京高端商务办公区，CBD 高昂的租金和拥挤的空间都让这些小企业难以承受，而东部的定福庄地区成为它们的理想选择。定福庄地区一批产业功能项目开始规划建设，逐渐成为传媒文化机构的重要聚集地。产业走廊的建设，使围绕大型传媒企业的中小型企业能够就近发展，降低传媒产业链上各环节的配套和交流成本，使传媒产业在空间布局上能够以 CBD 区域为核心兼顾辐射周边。③

---

① 潘月杰，钱春丽，张玉洁．北京 CBD 传媒产业发展现状及对策研究［J］．特区经济，2011（5）：57-58.

② 北京商务中心概述［EB/OL］．CBD 管委会网站，2011-12-02.

③ 潘月杰，钱春丽，张玉洁．北京 CBD 传媒产业发展现状及对策研究［J］．特区经济，2011（5）：57-58.

（三）政府规划推动发展

在2009年第四届北京文博会上朝阳区提出建设“传媒走廊”规划，在CBD传媒产业集群发展的基础之上，从CBD沿通惠河和朝阳路、朝阳北路向东，直到定福庄地区和中国传媒大学，距离中央电视台、北京电视台车程约15分钟，在这一地区打造“北京CBD—定福庄传媒产业走廊”。[①]“十二五”时期，市区两级开始加快CBD—定福庄国际传媒走廊建设，集中打造10余个文化传媒类园区、基地，吸引文化传媒企业落户，包括北京国棉文化创意产业园、尚8文化创意产业园、朝阳传媒影视技术服务中心、通惠国际传媒广场、东亿国际传媒产业园、惠通时代广场、万豪梦幻动漫中心等，这些基地在产业带上有序分布，是传媒产业走廊产业集聚的重要载体。在政府的大力引导和支持下，各类传媒类企业、人才、资本等要素资源快速向这一区域聚集，传媒走廊发展速度加快，产业辐射带动效应不断增强。

二、发展现状

（一）文化传媒产业加速集聚

自从2009年朝阳区提出建设传媒走廊初步规划以来，政府着力引导，企业积极呼应，这一区域吸引了大量投资、项目、企业，产业要素资源迅速集聚。2012年，吸引了包括中联百花影视投资有限公司、中服文化传媒有限公司等在内的100余家龙头传媒企业落户。目前，传媒走廊已经集聚了新媒体、影视动漫等各类文化传媒企业1.5万家，文化传媒类企业集聚程度领先全国；[②] 拥有5个国家级文化产业园区——国家广告产业基地、国家版权贸易基地、国家音乐文化产业基地、国家动漫产业基地和国家数字出版基地，3个北京市文化创意产业集聚区——北京CBD国际传媒产业

① 北京CBD—定福庄传媒走廊将首次亮相文博会［EB/OL］. 新华网北京频道，2009-11-24.

② 北京市朝阳区文创收入年均增速超15%［EB/OL］. 中国经济网，2013-09-08.

集聚区、北京音乐产业园和惠通时代广场，以及竞园图片产业基地等区级文化创意产业集聚区和莱锦文化创意产业园、北京懋隆文化产业创意园、1919影视传媒产业园等重点产业基地。

北京国家广告产业园区（一期）于2012年5月31日建成投入使用，联动文化、阿里巴巴等20余家知名广告和新媒体企业落户园区。国家动画产业基地于2012年6月18日正式挂牌，吸引了80余家动漫类企业入驻。①2012年12月19日，北京懋隆文化产业创意园区（一期）正式开园，包括北京华映星球国际文化发展有限公司在内的16家文化创意企业集体签约入驻。

（二）收入连年增加

CBD—定福庄国际传媒产业走廊收入连年创新高，2011年实现产值1036.5亿元，提前三年完成1000亿元目标，是全国第一个年产值上千亿元的文化传媒产业功能区。据统计，2012年"传媒走廊"文化创意产业年产值比2009年（694.3亿元）翻了一番，超过1400亿元。按照这个发展速度，预计到2015年"传媒走廊"文化创意产业年产值将超过2000亿元。②

（三）形成较完整的产业链

经过几年建设，传媒走廊初步打造形成了覆盖传媒产业各个环节的完整产业链条，包括内容创作、生产制作、设计服务、投资交易、传播展示、人才培养等。

（四）区位优势突出

传媒走廊发展有着得天独厚的区位优势，传媒产业能够实现与资本、人才等充分的对接，在产业、资金、人才等方面获得强有力的支持。CBD

---

① CBD—定福庄国际传媒产业走廊产值三年实现翻番［EB/OL］. 中国日报网，2012－12－21.

② 北京市朝阳区文创收入年均增速超15%［EB/OL］. 中国经济网，2013－09－08.

地区在发展过程中集聚了大量传媒机构，跨国公司、世界500强企业等大量的涉外资源为国际传媒产业集群发展提供了国际资源，以金融保险、中介咨询、IT通讯等为主的现代服务业为传媒产业的发展提供了有力支撑；定福庄地区拥有中国传媒大学、北京第二外国语学院等众多科研院所，集聚了丰富、优质的教育科研及人才资源。

三、发展举措

（一）创造良好的发展环境

朝阳区2005年提出发展文化创意产业以后，不断改进工作机制，加强规划引导，提供政策扶持，搭建公共服务平台，为文化创意产业集群的发展创造了良好的环境。例如，组建文化创意产业研究中心和促进中心，建立由书记区长亲自牵头的领导决策机制和集聚区联席会议制度，由宣传部、发改委、文化委、工商、税务等部门组成的联动推进机制；梳理完成《文化创意产业政策汇编》，研究制定适合朝阳区文化创意产业发展的扶持政策，如文化创意产业资金监督管理办法、重点产业投资指南、聚集区认定和管理办法等；[①] 搭建信息服务平台、融资服务平台等公共服务平台；打造公共技术服务平台——朝阳传媒影视技术服务中心，为各类文化传媒企业和影视动漫企业提供节目后期制作技术服务，以及技术培训、生活保障和人才交流等公共服务；引导成立CBD传媒商会等产业促进中介组织。

（二）制订发展规划

编制出台《加快建设文化朝阳十大行动计划（2012—2015）》，明确了未来一个时期内朝阳区文化发展的目标和任务；编制并实施了《朝阳区文化创意产业三年行动计划（2012—2014）》。2013年，《北京CBD—定福庄国际传媒产业走廊空间规划》和《北京CBD—定福庄国际传媒产业走廊产业发展规划》相继编制完成，规划对传媒走廊区域的土地、人口承载、产

① 张杰. 北京CBD功能区文化创意产业集群成因研究［J］. 中国商贸，2010.

业空间、生态环境等进行了系统梳理和规划。[①]《朝阳区关于加快 CBD—定福庄国际传媒产业走廊建设的意见》基本编制完毕。

（三）加强扶持引导

2009 年提出建设 CBD—定福庄传媒走廊以来，朝阳区投入文化创意产业专项资金累计近 5 亿元。专项资金重点支持传媒走廊的重点项目，发挥政府政策的引导作用和专项资金的撬动作用，吸引社会投资、传媒企业和人才到此集聚，促进文化传媒产业规模化、集约化发展。[②]

（四）加快重点项目建设

北京国家广告产业园区（一期）正式开园，国家音乐产业基地（一期）建成投入使用；凤凰国际传媒中心主体工程竣工；北京懋隆文化产业创意园（一期）已正式开园；北京国际版权交易中心成功举办中国国际版权博览会；八里庄文化创意产业园项目建设进展顺利，将吸引电影、动漫、传媒等类型企业入驻。

（五）增加产业空间

根据传媒产业走廊相关规划，东部定福庄区域，将通过改扩建、新建和“腾笼换鸟”等方式，增加 700 万平方米的产业空间，用以引进广告会展、新媒体、动漫影视等高端文化传媒类企业入驻。[③]

四、发展启示

CBD—定福庄国际传媒产业走廊的发展可以总结为楼宇经济迅速发展，集聚龙头企业，带动产业集群形成，顺应产业发展规律，完善产业链、价值链，辐射带动其他区域。

---

① 李焱．“传媒走廊”打造中国文创产业旗舰［J］．投资北京，2013（12）：76－81．

② 李焱．传媒走廊三年产值翻番［J］．投资北京，2013（1）：75－76．

③ 饶沛．CBD—定福庄传媒走廊规划完成［N］．新京报，2013－09－09（A07 版）．

（一）楼宇经济集聚龙头企业，龙头企业带动产业集群发展

CBD 地区的发展是典型的楼宇经济。2000 年，在政府的推动下 CBD 开始建设，经过七八年的时间，很快建成了 500 多万平方米的新建筑，引进了大量企业，带动区域经济发展。依托其商用楼宇资源和交通、基础设施等资源优势，国内外的金融、咨询和 IT 等现代服务业企业加速落户，形成以国际金融业为龙头，现代服务业为主导，文化传媒产业为新增长点的区域产业格局。集聚了美国有线电视新闻网（CNN）、美联社、英国广播公司（BBC）、法新社等国际知名新闻传媒机构，人民日报、北京青年报等国内颇具影响力的媒体机构，以及中央电视台、北京电视台、凤凰卫视等大型传媒龙头企业。

随着中央电视台、北京电视台等龙头企业的进驻，传媒产业的集聚发展加速，围绕两大电视台进行生产的 1.2 万多家中小传媒企业中，有相当一部分跟随进入传媒走廊区域，包括节目制作公司、广告公司、演艺公司、数字技术公司、设备租赁公司等，在传媒走廊区域形成了轮轴式传媒企业集群，这在一定程度上改变了北京市文化传媒产业的空间布局，发挥了吸引、凝聚、扩展和辐射的作用。

（二）抓住产业发展规律，打造完整产业链

传媒产业属于资源共享性产业，如果产业开放，竞争充分，产业聚集可以产生良好的协同效应和外部经济性。国外传媒产业发展的经验表明，传媒产业相关企业通过集聚进行分工协作，能达到实现规模经济的目的，例如美国麦迪逊大道。传媒走廊抓住产业发展规律，为不同规模、不同行业类别、不同发展阶段的传媒类企业提供完善的发展空间，打造传媒产业完整产业链、供应链和服务链，涵盖内容创作、生产制作、传播展示、设计咨询等各个环节，实现媒介资源的优化配置和整合，壮大产业规模，推动产业功能的不断提升。

（三）以文化创意产业基地项目为抓手，推动传媒产业快速发展

传媒走廊的建设以文化创意产业基地建设项目为抓手，如国家广告产

业基地等国家级文化产业园区，惠通时代广场等市级文化创意产业集聚区，三间房动漫大厦、世纪华腾总部公园等专业楼宇，中国传媒大学“产学研”基地——传媒精英总部基地，以及新型连锁式文化创意产业园区——i 工场等。通过基地建设吸引企业入驻，完善产业链、服务链、供应链，推动产业规模发展、收入提高。

第四节　影视产业集群发展实践

北京作为全国影视产业的中心，在影视作品的创作、制作、宣传、发行等方面拥有强大的影响力和号召力，吸引了众多影视企业将总部落在北京，中央戏剧学院、北京电影学院、中国传媒大学等一批国内顶尖影视相关专业高校也都坐落在北京，很大程度上汇聚了全国最广泛的影视产业人才。再加上拥有最大影响力和最广泛宣传平台的媒体资源，大批电影制片方将北京视为产业发展的宝地。凭借这些资源优势，北京影视产业形成了一些以功能聚合为主的产业集中区域，主要包括中影、中央新影集团所在的北太平庄区域和怀柔影视产业基地等。

一、发展历程

（一）中影、中央新影集团

中影、中央新影集团位于海淀区北太平庄、西城区新街口区域，是我国久负盛名的北京电影制片厂原址（现属于中国电影集团公司）、中国电影集团公司和中央新影集团所在地，是我国新闻纪录片和故事片制作的发源地，是我国在京电影企业的总部。

北京电影制片厂（简称北影）是中国三大电影基地之一。1948 年解放北平（今北京）后，中国共产党接收了国民党的中央电影企业公司第三制片厂，再抽调了延安和东北一批文艺工作骨干，于 1949 年 4 月 20 日成立北平电影制片厂，之后于10月1日，改名为北京电影制片厂。[1] 建厂初期，北影主要拍摄新闻纪录片，同时也拍一些故事片。1956年，北影开始专拍故事片，在影片创作、生产等方面大胆探索创新，逐渐形成自己的风格。

1950年，中央电影局表演艺术研究所在该区域创建，1951年更名为中央文化部电影局电影学校，1953年更名为北京电影学校，1956年最终改制为北京电影学院。北京电影学院是我国电影人才的主要培养地，建校60余年来，为新中国电影事业培育了2万余名电影工作者，被誉为“中国电影人才的摇篮”，很多著名电影人、演员都出自北京电影学院。北京电影学院也是国家动画教育研究基地、北京影视艺术研究基地和中国儿童电影研究中心的挂牌单位。根据教学和艺术创新以及产业发展的需要，学院建有电影理论研究所、数字电影技术研究所、电影表演艺术研究所、中国动画艺术研究所、影视文化产业研究所、中日动画漫画研究中心、中国影视文化研究院（筹）、中国电影教育情报信息研究中心（筹）和《北京电影学院学报》、《中国动画产业年报》、《中国电影产业年报》编辑部等研究机构。[2]

中央新闻纪录电影制片厂（简称新影厂）1953年创建，是我国唯一生产新闻纪录影片的专业机构，1993年被整体划给中央电视台，作为中央电视台新影制作中心，转向影视融合发展，制作电视节目、译制片、影视剧和纪录影片等。北京科学教育电影制片厂（简称科影厂）1960年创建，是我国最大的科教影视节目制作基地，1995年被整体划给中央电视台，成为中央电视台科教节目制作中心，每年拍摄一定数量服务“三农”的电影，还定期策划拍摄大型科教类、人文类电影，开办了两个数字付费频道——《CCTV发现之旅》和《CCTV中学生》。[3] 2010年，经国家广播电影电视总局批准，由新影厂和科影厂作为骨干企业组建的中央新影集团成立，成为目前国内最大的纪录片、科教片制作基地。

---

① 北京电影制片厂网站．http：//www. hyjxing. com/.

② 北京电影学院网站．http：//www. bfa. edu. cn/xygk/node_ 31. htm.

③ 中央新影集团网站．http：//www. cndfilm. com/zyxyjtgk/01/index. shtml.

1999年2月，由原中国电影公司、北京电影制片厂、中国儿童电影制片厂、中国电影合作制片公司、中国电影器材公司、电影卫星频道节目中心、北京电影洗印录像技术厂、华韵影视光盘有限责任公司8家单位组建成立中国电影集团公司（简称中影集团），成为中国内地最具实力的电影公司。

（二）怀柔影视产业基地

1995年，台湾飞腾制作有限公司独资企业——飞腾（中国）制作有限公司在北京成立，公司所属的飞腾影视城选址怀柔区杨宋镇。1997年1月，飞腾影视城建成投入使用，影视城占地350亩，分南、北两区，成为当时北方地区最大的外景拍摄地，曾拍摄了《大染坊》、《倚天屠龙记》、《五月槐花香》等300多部电影电视作品。2001年，星美传媒有限公司入资飞腾公司，2003年完成并购，飞腾公司成为星美传媒控股子公司。

2005年12月，中国电影集团电影数字制作基地在怀柔区杨宋镇开工建设，2008年完成一期工程且投入使用。中影集团的入驻，初步形成了怀柔影视基地的基本格局。

2006年，北京市认定第一批文化创意产业集聚区，怀柔影视基地位列其中。2007年，怀柔区制定出台《怀柔区促进生产性服务业和文化创意产业发展若干政策（试行）》，提出电影、电视制作和发行，文艺创作、表演及演出场所等文化创意产业领域重点支持方向；设立怀柔区促进文化创意产业发展专项引导资金；成立促进文化创意产业发展领导小组。

2007年4月，中国（怀柔）影视基地管理委员会成立。影视基地将中影数字基地作为核心，围绕中影基地周围1公里的地方（总面积5.6平方公里）是产业集聚发展的核心区域，包括杨宋镇建设区及周边地区；核心区的外围是影视基地的辐射外延区，包括庙城镇、雁栖镇的部分区域和怀柔新城的部分区域。基地通过发展影视产业全产业链，走出了一条影视基地发展的新道路，希望能成为未来的“中国影都”。[①]

---

① 叶再春．怀柔打造“中国影都”——来自中国（怀柔）影视基地的调查［J］．前线，2008（12）：62－64．

二、发展现状

（一）中影、中央新影集团

中影和中央新影所在的地区堪称中国电影的发源地，这里汇集了国内影视产业最有影响力的众多机构，如作为全国影视创作龙头企业的中影集团和中央新影集团、影视产业人才培养基地的电影学院以及覆盖全国的电影专业频道中央电视台电影频道等。①

中影集团是中国产量最大的电影公司，而且是中国内地唯一拥有影片进口权的公司。中影集团拥有全资分子公司15个，主要控股、参股公司近30个，电影频道1个，总资产28亿元，涉及制片、后期制作、院线放映、发行等产业链的多个环节。2011年5月，入选第三届“文化企业30强”。集团下属的北京电影制片厂集中了一大批优秀的艺术家和技术专家，具有年产30部故事片、200余集电视剧的能力。在院线放映方面，具有年发行100多部影片的发行能力。在数字技术方面，中影集团已建成国内目前规模最大、配置齐全的华龙电影数字制作有限公司和专门从事数字影院建设与管理的中影集团数字电影院线有限公司。中影集团拥有的电影频道是国家级专业电影频道，平均收视率和市场占有率连续多年保持在央视各频道的第二名。

中央新影集团中央新闻纪录电影制片厂在影视制作方面拥有电影摄、录、缩放等各种先进设备，引进了国际先进的胶转磁高清设备；摄录棚、音乐棚、演播室、合成机房、编辑机房、字幕译制机房、音频工作站机房等设施齐全。同时，新影厂积极进入数字电视领域，开办了《证券·资讯频道》和《老故事频道》等数字频道。科影厂是目前我国最大的科教影视节目制作基地，成立以来拍摄了1400多部科教影片，内容涉及农业、科技、文化教育等诸多领域。并入央视后，科影的电视栏目也迅速崛起，访

① 李丹丹．北太平庄影视产业集群竞争力研究［J］．中国电影市场，2011（8）：27－31.

谈节目、纪录片、少儿节目、体育节目等也在业内叫响。

此外，这一区域还聚集着电影产业链上其他环节的公司，如提供后期制作的华龙电影数字制作有限公司、唐德国际文化传媒有限公司等；为影视拍摄提供支撑的演艺经纪公司和设备租赁公司；以及星美、华星等电影发行和电影院线等渠道和终端企业。这些公司与电影制作企业一起构成完整产业链。[①]

（二）怀柔影视产业基地

怀柔影视产业基地2008年正式投入使用，可提供影视拍摄、声音录制、数字加工、胶片洗印以及动漫、游戏、广告、制作等全方位、高质量的多种专业化服务，具备年生产80部电影故事片、200部电视电影、500集电视剧的制作能力。截至2012年底，基地集聚了中影、星美等影视企业360家；累计拍摄或制作影视作品超过1300部。近五年，票房过亿的78部国产大片中，36部在怀柔拍摄或完成后期制作，基地被誉为“中国影都”。

据统计，2012年，怀柔影视产业基地接待剧组拍摄制作影视作品1300部，实现营业收入超过20亿元，影视税收达2.4亿元，占怀柔区文化创意产业收入一半以上。目前怀柔影视产业基地有规模以上企业2家，营业收入3.7亿元，利润2000万元，从业人员790人。

作为北京打造“影视之都”的重要承载地，怀柔影视基地已经集聚了华谊兄弟、金英马、小马奔腾等360余家影视企业，国产票房过亿元大片近半数出自怀柔，北京人艺艺术中心项目也已迁址怀柔。中影数字基地和星美今晟影视城是基地的2个核心项目。中影基地已经有23家中影体系企业入驻，设备与技术均处于国际一流水平，人员团队也在国内领先，其中中影数字巨幕公司的中国巨幕系统打破国外垄断，填补了国内技术空白。星美今晟影视城主要为外景拍摄基地，年接待剧组数量逐年递增。私人独资的北京老爷车博物馆和艺术学校百汇演艺学校均发展良好。[②]

---

① 李丹丹．北太平庄影视产业集群竞争力研究［J］．中国电影市场，2011（8）：27－31.

② 方彬楠．怀柔打造影视之都承载高地［N］．北京商报，2013－04－01（C2版）．

三、发展举措

（一）中影、中央新影集团

北京市和海淀区非常重视中央新影集团的“纪录影视产业园”建设，给予了大力支持，产业园被文化部批准为“国家文化产业示范基地”，被广电总局批准为“文化创意产业基地”，2012 年成为中关村科学城第四批建设项目之一。中央新影纪录影视产业园将充分发挥中央新影集团在纪录影视领域的科技创新和产业化优势，依托新影典藏的数万部、数十万分钟的红色经典历史纪录影像档案资料、已有及拟建的十几个央视数字频道，在北太平庄影视文化产业带上打造中国乃至世界最大的纪录影视片生产、传播、经营发展基地。

（二）怀柔影视产业基地

不断加强基础设施和配套工程建设。截至 2012 年底，怀柔影视产业基地固定资产投资累计达到 45 亿元，包括投资 3.2 亿元的兴盛、祥瑞等四条道路工程和投资 4500 万元的 110kV 城东变电站。影视产业两项主要配套工程——影视文化交流与评审中心（影人酒店）和制片人总部基地进展顺利。影人酒店一期已投用，二期已开工建设。制片人总部基地建成，可以为影人企业提供 20 万平方米的工作室，而且可根据需要进行定制。

打造影视基地品牌。创建影视基地网站，搭建集展示、招商、服务于一体的网络平台，将怀柔影视基地打造成面向京津冀等地区的重要旅游目的地。抢注“中国影都”品牌，完成“中国影都”等 4 个通用网址、8 个中文域名、2 个英文域名和 4 个国际英文域名的注册。怀柔区还通过举办、参加各种文化创意和影视类节庆、会议等活动提高基地“中国影都”的影响力和知名度，举办“中国怀柔影视文化节”，召开文化创意产业招商推介会和首都电视节目推介会，同中国电影资料馆合作承办“第四届中国北京国际体育电影周”等，积极参加北京文化创意产业博览会、影视文化节等。

四、发展启示

怀柔影视产业基地主要是通过核心企业加盟和政府扶持获得发展优势，打造九大产业功能中心，形成完整产业链。

（一）核心企业加盟获得核心优势

飞腾影视城建成使用后，怀柔区形成了一定的影视产业氛围，中影数字基地的建成投入使用后，其先进的设备、强大的人力资源、完善的基础设施以及具有号召力的品牌优势和广大的市场，为怀柔影视产业基地发展带来了核心优势，快速形成专业化基地。

（二）政府政策扶持引导

政府积极出台政策进行扶持引导。北京市制定的《促进文化创意产业若干政策》中提出对文化创意产业集聚区提供资金支持。同时，怀柔区率先出台了《怀柔区促进生产性服务业和文化创意产业发展的若干政策（试行）》，设立专项引导资金。怀柔影视基地在2006—2009年共获得市级支持8300多万元，区级支持900多万元，极大促进了产业发展。怀柔影视基地管理服务中心（原管委会）编制的《杨宋地区基础设施规划》、《怀柔影视基地景观设计方案》中规划建设核心区内11条道路的目标现已完成，并且为满足中小影视企业的集聚，打造完善了影视产业配套服务体系。怀柔区还规划并已完成了制片人总部基地、影视文化交流与评审中心（即影人酒店）两个项目。

（三）打造完整产业链

国内许多影视基地往往只做外景地、影视旅游等产业链上的一个或几个环节，而怀柔影视产业基地则是打造包括外景地在内的全产业链。怀柔影视产业基地将影视产业中的诸多环节定位为9大功能中心，包括影视拍摄中心、影视后期制作中心、专业技术服务中心、影视展示与传播中心、影视制片公司集聚中心、影视版权交易中心、影视动漫制作中心、影视教育培训中心、影视旅游中心。①

第五节　创意设计服务产业集群发展实践

设计产业具有附加价值高、资源消耗少、环境友好的典型特征，是文化创意产业的重要组成部分，有利于转变经济发展方式、调整产业结构，对建设创新型城市具有重要的推动作用。

创意设计服务产业在北京呈聚集发展的态势，形成了多个各具特色的产业集聚区，包括以工业设计为主的中关村德胜园部分区域、以建筑设计为主的展览路设计产业集群（德胜园西区）、代表综合设计能力的大兴中国设计瑰谷、以动漫设计为主的中关村石景山园设计组团以及以服装设计为主的北京（永外）时尚创意产业基地等。这些代表性区域通过搭建特色的文化创新平台，利用本地区文化资源和创意设计产业突出的优势，打造现代艺术及设计创新服务的高端产业集群。

一、发展历程

（一）中关村德胜园

1. 北京 DRC 工业设计创意产业基地

北京 DRC 工业设计创意产业基地建在北二环北侧的中关村德胜科技园，属于中央政务区腹地，在其周边既有中国航空规划设计院、北京煤炭设计院等国家级科研设计单位，也有北京师范大学、北京邮电大学等重点院校，产学研资源优势显著。

2005 年 6 月，西城区政府根据自身的产业基础和核心区功能定位，与

① 叶再春. 怀柔打造“中国影都”——来自中国（怀柔）影视基地的调查［J］. 前线，2008（12）：62－64.

北京市科学技术委员会签署了《关于共建北京 DRC 工业设计创意产业基地的决定》，提出在德胜科技园共同建设“北京 DRC 工业设计创意产业基地”，一期为7000平方米，目的是通过该基地的建设，使西城区成为北京市乃至全国工业设计领域创新资源的整合平台。[①] 2006 年，北京市认定第一批 10 个文化创意产业集聚区，DRC 基地是其中之一。2010 年，基地成立中国工业设计技术服务联盟，并建立了基地快速成型服务平台、基地材料平台等服务平台，是全国工业设计领域最前沿的综合服务平台和孵化器。

2. 设计之都大厦

2012 年 6 月，北京正式加入联合国教科文组织创办的全球创意城市网络，成为第十二个全球“设计之都”，位于北三环马甸桥东北角的“设计之都”大厦成为展示设计产业发展成果的重要场所，先后组织各类设计展览、高峰论坛、设计大赛等活动，致力于打造将原创设计进行商品实现和产业化发展的平台。

中国设计交易市场也位于设计之都大厦，是拥有设计公园广场、梦工厂商店、设计书吧、新闻网等为交易提供综合配套服务能力的要素市场，成为引领北京乃至中国设计产业的城市地标。2012 年 12 月市场正式开业，提供国内外设计交易信息、设计交易撮合、结算及设计交易技术合同登记、展览展示、投融资等服务。

（二）展览路设计产业集群

展览路设计产业集群主要位于展览路—三里河路沿线，其建筑和规划设计产业集群依托住建部周边的中国建筑设计院、中国城市规划设计研究院、北京城建设计研究总院、北京市市政工程设计研究总院等大型设计院所，北京首都工程有限公司、中国轻工建设总公司等建筑、规划龙头企业，以及北京建筑大学等著名高校，具有产、学、研、用相结合的优势，

① 北京 DRC 工业设计创意产业基地［EB/OL］. 北京文网，2009 - 02 - 11.

从而形成了我国建筑设计产业最为集聚、水平最为顶尖的区域，也是北京市文化创意产业集聚程度最高的区域。在这一区域中以设计产业为中心形成了完整的产业链，产业集群所具有的网络化组织、地理接近、交互作用、相互依赖、柔性专业化、植根性、外部经济等特征均十分明显，是一个典型的以建筑设计为主的创意产业集群。目前，这一区域已被纳入德胜园西区。

（三）北京（永外）时尚创意产业基地

北京（永外）时尚创意产业基地位于新南城中轴路延长线永定门外大街东西两侧，占地面积3.33平方公里，是在北京市政府提出建设时装之都构想的背景下，在原崇文区政府主导规划和大力支持下，由数家房产开发公司共同参与建设的区域项目。旨在通过现代科技手段的应用，有效整合首都科技资源，提升整体服务水平，营造时尚创意（服装设计）产业氛围，进而提升永外地区整体的服务水平和产业环境，吸引国内外服装设计、研发机构及人才聚集本区域，推动永外时尚创意产业的发展，促进南城发展。其中，由百荣投资控股集团锐意打造的北京时尚设计研发中心项目是该区域的核心，它是集时尚设计创意、传播发布、会展等功能为一体的大型综合性时尚创意产业中心。

（四）中国（大兴）设计瑰谷

中国（大兴）设计瑰谷项目由广州毅昌科技投资，2013年5月正式揭牌，拟建于国家新媒体产业基地多维创新园，利用原有的12栋研发楼，建设面积200亩，借助大兴区承办中国设计节的契机，由新媒体基地牵头，CDD创意港等单位参与，打造“设计瑰谷”。

“设计瑰谷”取自“硅谷”的谐音，是中国第一家设计基金会——北京光华设计发展基金会注册的品牌，致力于打造设计产业、设计人才的创新创意集聚区，通过八大平台（国际化服务、创意设计展示、工程技术服务、新材料研发展示、设备展示、信息服务、人力资源、知识产权及综合法律服务平台服务等）的建设，吸引设计产业的企业、科研单位、中介机构、服务机构等入驻集聚，推动设计产业创新发展，带动其他产业转型升级，服务区域经济社会发展。①

中国设计瑰谷的空间布局包括“一谷”——中国设计瑰谷，“五园”——亦庄西曼国际工业设计园、设计企业创意园（CDD创意港）、建筑和工程设计园、服装文化创意产业园和博洛尼都市工业设计园。重点发展领域包括电子信息产品设计、汽车设计、服装设计、建筑和工程咨询设计、传播设计、家居家装设计以及设计产品展示交易等。②

（五）中关村石景山园设计组团

石景山区以中关村石景山园扩园为契机，全力打造北京设计产业示范基地。“北京设计产业示范基地”以阜石路沿线、中关村石景山园和首钢主厂区为载体，分两期建设：一期先导区以首钢科技大厦为核心建设近20万平方米；二期以新首钢高端产业综合服务区为核心，对现有厂房进行升级改造，同时新建部分建筑，总计可为设计产业提供超过100万平方米的空间，集聚高端设计资源，重点发展领域包括动漫游戏设计、工业工程设计、建筑规划设计和时尚平面设计等。③

（六）丰台大红门

大红门创意设计服务集聚区位于南三环到南四环之间，北京著名的中轴路南延长线贯穿中心。20世纪80年代早期，浙江商人在这里做服装生意，形成“浙江村”，90年代初，在政府的整顿引导下形成服装批发市场，如今这里经过二十多年的发展，已经成为北京市重要的服装商务区，实现了从地摊销售到大棚经济再到现代化商圈的跨越。2008年北京大红门服装服饰创意产业集聚区被认定为北京市级文化创意产业集聚区。

作为北京市文化创意产业集聚区的重要组成部分和北京“城南计划”的重点发展区域，大红门将战略目标定为打造“时尚创意集聚区”。大红

---

① 大兴区委宣传部．中国设计瑰谷介绍［EB/OL］．新华网北京频道，2013-05-21.
② 大兴区委宣传部．中国设计瑰谷介绍［EB/OL］．新华网北京频道，2013-05-21.
③ 李焱．石景山园：扩园带来新机遇［J］．投资北京，2013（7）.

门目前正在全力建设北京CBC（Clothing Business Center，服装服饰商业核心区）创意大厦，这座大厦建成后，将引进国内外知名服装设计机构、研发单位以及行业组织等，打造北京CBC综合性服务平台，融研发设计、文化创意、办公培训、展示交流等多功能于一体，提高综合管理和服务水平，推动大红门服装文化创意产业快速发展。①

二、发展现状

（一）中关村德胜园

目前，北京DRC工业设计创意产业基地总面积8000多平方米，包括设计共性技术条件平台和设计孵化器两部分。基地拥有各类技术设备50余台套，还拥有材料展示中心、CNC手板模型中心、逆向工程实验室、渲染中心、快速印刷中心等共性技术服务平台，以及会议展览中心、中国设计交易市场等展示交易平台，为企业创新提供全方位的服务与支撑。

目前，DRC基地在孵企业共有200余家，涉及领域包括产品设计、平面设计、建筑环境设计、工程设计、咨询策划等；集聚了1000余名设计师，通过为大学生、企业经理人和设计师组织相关培训，培养设计产业所需人才。同时，与DRC基地建立了合作关系的院校达70余家，国际组织有90余家，设计与技术专家100余名。通过政策引导和服务平台搭建，DRC基地涌现出一批国内外知名企业，包括工业设计领先品牌洛可可设计公司、国内设计界门户网站视觉中国以及梅泰诺科技、北京灏域、斯巴科等知名设计公司。近几年，美国青蛙设计公司、丹麦东度设计顾问团队和意大利阿莱西设计工场等国际知名设计机构相继被引进基地，基地的国际影响力不断提高。②

设计之都大厦承办了“新意大利设计2.0”展、“K－DESIGN韩国设计展”等国际大型展览，红星奖博物馆永久定居“设计之都”大厦。此外

① 北京大红门服装服饰创意产业集聚区［EB/OL］. 中国经济网，2011－02－15.
② 北京DRC工业设计创意产业基地. 中国经济网［EB/OL］，2011－01－30.

大厦还大力推动北京设计品牌建设，将“北京国际设计周”、“北京服装周”等活动举办成为长效活动。

截至2012年，中国设计交易市场共促成20亿元设计合同登记，吸引了韩国设计振兴院等多家知名设计机构入驻。

（二）中国（大兴）设计瑰谷

当前，与中国设计瑰谷初步达成合作意向的企业和机构已经接近200家。目标是以“中国设计瑰谷”为平台，集聚国内外领先设计资源，集中力量共同建设设计产业与人才高地，将“中国设计瑰谷”建设成为北京“设计之都”的重要节点，完善产业链创新，实现设计人才、设计企业、行业创新、区域发展等多方共赢，推动制造转变为创造，为北京经济发展方式转变提供重要支撑。①

（三）中关村石景山园设计组团

截至目前，石景山区拥有包括中国动漫集团、完美时空、巨人征途、盛大无线、趣游科技、华录百纳、搜狐畅游、蓝港在线、首钢国际工程公司、丽贝亚、中联环等领军企业在内的超过3000家创意企业的产业基础优势，已初步形成以动漫游戏设计、工业工程设计、建筑规划设计为特色的设计产业发展格局。

（四）丰台大红门

目前，大红门区域共有大型服装专业市场31家，包括大红门服装商贸城、天雅、京温等，总计100余万平方米营业面积，入驻2万余家商户，年交易额高达200亿元，商业圈规模庞大，集聚能力巨大。吸引培育了庄子制衣、鑫港制衣等30余家大型服装生产加工企业以及310多家骨干企业。近年来，产业链不断延伸，服装面料研发企业和服装服饰设计企业不断出现，高端增值环节逐步显现。②

---

① 李焱．“中国设计瑰谷”落户大兴［J］．投资北京，2013（6）．

② 北京大红门服装服饰创意产业集聚区［EB/OL］．中国经济网，2011－02－15．

大红门区域服装品牌效应也日益凸显。目前，大红门地区服装品牌多达5000多个，既有引进的国内外知名品牌，也有培育的本土品牌。近年来，大红门地区对市场进行改造升级，完善了产业环境，同时还举办了大红门国际服装节等推广活动，使北京CBC广为人知，大红门品牌的知名度和美誉度不断提高，众多小品牌从这里走向全国市场。随着中国纺织工业协会和中国流行色协会落户大红门，高端服装资源和品牌吸引力进一步加强。大红门地区的服装商品不仅辐射三北地区，而且远销到东欧，市场辐射力和国际影响力不断增强。①

三、发展举措

（一）西城区积极推进“设计之都”建设

为加快推动北京“设计之都”建设，市科委、西城区政府共同出资，组建了北京设计之都发展有限公司，承担设计之都建设、设计产业促进、公共服务平台搭建、设计成果转化等工作。

西城区抓住北京市建设“设计之都”的契机，积极推动北京DRC工业设计创意产业基地扩展规模、提升产业水平。充分利用北京市促进设计产业发展的相关优惠政策，吸引集聚国内外工业设计领域的研发设计团队、技术服务企业、设备企业等机构，引进国际领先设施装备，加强联盟建设，提高基地服务能力，拓展服务对象，增强辐射力与影响力。②

努力推进“中国设计交易市场”的建设工作，加大政策扶持力度。不断完善交易供需发布、虚拟展示、综合信息推广等公共服务平台的服务功能，将平台打造成为资源集聚、交易活跃、服务创新、高效便捷的高水平、国际化的公共服务平台。推动首都创意设计博物馆、设计技术交易中心、设计研究创意区及设计技术支撑平台的建设工作。③

---

① 北京大红门服装服饰创意产业集聚区［EB/OL］. 中国经济网，2011－02－15.

② 北京市西城区“十二五”时期文化创意产业发展规划.

③ 北京市西城区“十二五”时期文化创意产业发展规划.

推动基地与区域内中央和市属设计院所广泛合作，搭建产学研用平台，提高设计服务能力，加快设计产业发展。

（二）大兴区着力打造“中国设计瑰谷”

大兴区国家新媒体产业基地将工业设计产业作为重点之一进行培育发展，以中国工业设计基地为基础，加快建设 CCD 创意港和华商创意孵化园。由广州毅昌科技投资的设计瑰谷作为重点项目，拟建于基地多维创新园，依托现有的 12 栋研发楼进行建设，规划面积 200 亩，借助大兴区承办中国设计节的契机，由新媒体基地牵头，CDD 创意港等单位参与，共同打造。

（三）石景山区通过政策引导培育设计产业

石景山区抓住建设“国家服务业综合改革试点区”、“国家可持续发展实验区”和“中关村国家自主创新示范区特色区”的机遇，通过政策引导扶持，积极培育设计产业发展，促进产业集聚，目前已经制定出台《石景山区促进设计产业发展暂行办法》，并且设立设计产业发展专项资金。①

充分利用首钢工业设计优势，整合相关资源，建立实用、高效的设计产业基础数据库、资源信息库等公共服务平台，加强资源共享。鼓励工业企业、设计企业、高等院校、科研机构建立合作机制，促进形成以企业为主体、市场为导向、产学研相结合的工业设计创新体系。坚持设计创新和技术创新相结合、政府引导和市场调节相结合的原则，建立设计产业园区，重点发展设计服务产业，以工业设计为重点，发展建筑设计、城市规划、服装设计等多业态，促进产业集聚发展。积极打造设计产业基地，区内首个“工业设计快速成型实验室”投入使用。

（四）丰台区大力支持服装服饰设计业

丰台区大红门区域依托现有基础，利用大红门时尚创意产业集聚区打

① 李焱．石景山园：扩园带来新机遇［J］．投资北京，2013（7）．

造北京“时装之都核心区”的发展契机，大力引进国际服装设计、展示、交易等服装文化产业要素，吸引国内外知名服装企业及品牌入驻，打造国际服装设计和展示中心，将产业向创意设计、面料研发、展览展示、信息发布等服装产业链的高端环节提升。打造集创意设计、产品展示、资讯交流、商务休闲为一体的多功能设计服务平台。打造世界服装博览会、世界模特大赛等大型节庆会展，围绕北京国际时尚中心、大红门服装文化园等建设集设计、生产、贸易、会展、服务为一体的服装服饰时尚区。重点建设时尚设计中心、时尚展示中心、广告中心、模特中心、服饰文化演艺中心、名牌专卖大厦、CBC 大厦、服装服饰博物馆、国际轻纺城等项目。目前初步完成《大红门时尚创意产业集聚区发展规划》，正在进行市场升级改造、环境优化提升等方面工作。

四、发展启示

创意设计服务产业集群的发展依托于北京设计公司和设计院所云集的资源优势，在政府宏观政策引导下，以搭建服务和技术平台为抓手，促进设计产业的集聚发展。其中以西城区德胜园区域为典范。

（一）以平台建设为着力点，吸引企业集聚发展

北京 DRC 工业设计创意产业基地由北京市科委和西城区在 2005 年创办，基地由北京工业设计促进中心主持，建设了 2500 平方米的工业设计技术条件平台和 5500 平方米的设计创业孵化器。围绕创意资源群、技术资源群和服务资源群，构建设计资源共享模式。同时，通过协助入驻企业进行高新技术认定，提供中小企业创新基金，组织、设计、创新、提升计划申报，开展各种展览、论坛、推介活动等为企业创造良好的孵化环境，增强中小企业接大单的能力。目前，DRC 基地在孵企业共有 200 余家，涉及领域包括产品设计、平面设计、建筑环境设计、工程设计、服装设计、咨询

策划等。①

（二）利用产业促进政策，优化产业发展环境

充分利用《北京市促进设计产业发展的指导意见》、《北京“设计之都”建设发展规划纲要》等专项产业政策优势，提高财政资金支持设计产业的力度，吸引社会资本进入设计产业，构建包括信贷资金、产业基金、风险资金、私募股权基金等在内的多元化投融资体系。为设计企业提供投融资服务，培育上市设计企业。建立中小设计企业融资担保机制，针对企业培育期、辅导期等不同的发展阶段，给予相应的支持。

（三）组建设计产业联盟，聚集产业关键核心资源

由北京市科委、中关村管委会和西城区政府支持，北京地区22家知名设计院校和设计机构发起组建了北京设计产业联盟。联盟整合了北京地区设计院所、设计高校、设计企业、设计大师、设计平台五大资源要素，促进要素跨界融合，推动产学研协同创新，服务设计企业发展，整体提升“北京设计”品牌影响力。

① 北京DRC工业设计创意产业基地．中国经济网［EB/OL］，2011－01－30．

第五章 文化创意产业功能区发展理论体系探索

在北京文化创意产业面临良好发展机遇，同时也存在一系列发展问题的新形势下，科学规划产业布局，加强对区域文化发展的统筹，引导区县实现差异化、特色化发展是当前的重要任务。“文化创意产业功能区”作为文化创意产业发展的一种新组织形式，是引导资源优化配置、推动区域错位发展、优化文化创意产业空间布局的重要方式。本章从区域经济学角度出发，结合北京文化创意产业特色区域的实践经验，围绕文化创意产业功能区内涵与外延等理论问题，系统研究了文化创意产业功能区的构成要素、行为主体和相互关系、类型划分、形成机制及其发展演变规律，初步构建了文化创意产业功能区发展的理论框架，创新了文化创意产业优化布局以及集群发展的理念、原则和思路，为推动全市文化创意产业转型升级提供理论指导。

第一节 文化创意产业功能区的内涵

文化创意产业功能区涉及区域、功能区、主体功能区、产业功能区等相关概念。区域是具有特定或某些功能的空间载体，功能区是功能区域的简称，是指承载一定功能的空间载体。产业功能区是承载一定产业功能的区域，最初源自于北京市的创新实践，既不同于主体功能区，又与之有着密切的联系。文化创意产业功能区是一种主要承载文化创意产业的产业功能区，是北京市推动文化创意产业发展的新空间组织形式。

一、功能区

功能区是指一种区域，旨在强调区域的功能属性，主要涉及两类区域：一是“均质区”，二是承载相关运行功能的空间载体，如中心商务区（CBD）。功能区是城市功能的载体，具有一定的要素集聚和辐散效应。

（一）区域

区域。不同学科对“区域”的理解不尽相同。地理学把区域理解为地球表面的地域单元。经济地理学认为区域是“人类活动所占据的空间范围”，在理论上来讲是隐含着要素禀赋差异和经济活动差异特质的经济空间，在实践中是具有明确地理界线的经济活动空间范围（李小建，等，2002：163）①。美国区域经济学家 E. M. 胡佛（E. M. Hoover）于 1970 年给出的经典定义是，“区域是基于描述、分析、管理、计划或制定政策等目的，作为一个应用性整体加以考虑的一片地区，区域划分的原则是内部同质性或者功能一体化”。简单地理解，区域就是具有特定或某些功能的空间载体。区域的类型多种多样，有一致性或相似性程度高的同质区域，也有通过经济活动联系在一起的集聚区域。区域的空间尺度有大有小，无论范围大小，任何区域对外都表现出特有的经济特性，是一个经济实体，并通过信息、人员、商品等各种要素与其他区域形成或密切或疏远的联系。所有的区域都在经历形成、发展、成熟、衰退和再生等演变阶段，具有一定的规律性。

区域功能。根据系统论原理，区域功能是作为系统的区域整体所具有的能力，是区域在与环境相互作用的过程中所表现出来的特征。根据控制论原理，功能就是作为系统的区域将一定的物质、能量、信息输入变换为

① 李小建．经济地理学［M］．北京：高等教育出版社，2002.

一定输出的能力，或是为了达到某种目标而将输入有目的地转变为特定输出的能力。简而言之，作为区域而言，其功能就是服务于社会和各方利益主体的能力，是区域内由各种要素配置和组合而形成的服务能力，区域的服务能力取决于区域内多种要素的结构。尽管区域提供的服务能力具有多重性，但最为主要的服务能力起着决定性作用，也即区域的主要功能决定着区域的开发和发展方向。

（二）城市功能区

从本质上来说，任何区域都具有特定的功能，因此区域经济学也将区域称为“功能区域”（functional regions），简称功能区，意在强调区域的功能属性。在我国的区域发展与规划实践中，功能区主要涉及两类区域：一是因区位、要素相似性或相对一致性，在规划中定位成同种开发或发展类型的区域，区域经济学中称之为“均质区”，如主体功能区就是按照一定开发强度和发展原则而确定其特殊定位的“均质区”；二是承载相关运行功能的空间载体，是指有一定的功能内聚性，各组成部分相互依存、相互作用的空间单元，如中心商务区（CBD）就是集聚金融、贸易、服务、展览、咨询等多种资源要素和功能，具有经济控制功能的区域。一般而言，功能区往往具有多种功能，如城市作为一种功能区域具有生产、服务、集散、管理、文化传承、创新等多种功能。功能区是一个整体，这一整体不因行政界限而分开，功能区与行政区往往并不重合。

城市功能区是现代城市经济、社会、文化、政治、娱乐等各种功能的载体。功能区是城市功能的载体，是实现城市功能的空间集聚形式，也是现代城市运行的基本方式。城市是由多个相互关联的功能区组成的有机体，城市区域内所有功能区的功能融合与集成就是城市功能。每个城市功能区都同时具有多种功能，但往往基于自身资源禀赋优势而形成一种或少数几种主要功能，以确保自身优势的发挥和在区域城市体系中占有一定的地位。城市功能区一般具有一定规模的主导产业，主导产业大多具有多层次、长产业链特征，是区域比较优势和核心竞争力的现实表现，也是城市经济发展的增长点。城市功能区的本质特征是产业集聚和功能优化，而城市功能区的多样性、关联性、独特性以及功能集聚性，决定着城市运行的效能。

城市功能区同时具有集聚和辐散两种相互联系而又截然相反的效应。作为城市功能区，应该拥有研发、生产、服务等较为完整的产业链条，也即主导产业，能够通过自我更新或不同产业的链接和融合而具有较强的自我发展能力。一方面，城市功能区在发展过程中不断吸引周边的人才、信息、资本、物质要素、技术等社会资源，形成对相关社会资源的高势能吸纳和高效率利用，在相对有限的地域空间内创造出巨大的经济产出，在空间上表现为与核心功能相关的社会资源的集聚和密集分布。另一方面，城市功能区在自身发展到一定规模后，不断向外输送人才、信息、技术、资本等关键资源，带动周边区域及相关产业发展，在空间上表现为相关要素和社会资源由近及远的扩散。具体表现在以下几个方面：一是城市功能区利用其所拥有的优势资源与高效要素配置能力，扩大功能区企业的市场细分份额和空间分布范围；二是通过企业合作和产业联盟，在更大范围内构筑产业集聚协作体系；三是通过技术和工艺扩散、管理文化和商业模式传播、资本输出等，功能区的优势和能力向周边地区渗透，带动周边区域发展。

二、主体功能区

主体功能区是我国政府提出的创新概念，可以理解为一种具有复杂功能的“均质区”。主体功能区突破了原来以行政区划为基础的区域经济发展格局，开创了我国区域经济发展理论和实践的新方向。

（一）主体功能区的提出

主体功能区是中国政府提出的创新概念（魏后凯，2007）[①]。“主体功

① 魏后凯．对推进形成主体功能区的冷思考［J］．中国发展观察，2007（3）：20－30.

能区”思想首次出现在2005年发布的《中共中央关于制定国民经济和社会发展第十一个五年规划的建议》中，文件要求“根据资源环境承载能力和发展潜力，按照优化开发、重点开发、限制开发和禁止开发的不同要求，明确不同区域的功能定位”，表明我国未来发展要将整个国土空间划分为若干功能区，按照各区的主要功能进行区域分工，但文件并没有就主体功能区给出明确的定义。2006年发布的“十一五”规划纲要明确提出“根据资源环境承载能力、现有开发密度和发展潜力，统筹考虑未来我国人口分布、经济布局、国土利用和城镇化格局，将国土空间划分为优化开发、重点开发、限制开发和禁止开发四类主体功能区”。主体功能区概念的提出，突破了原来以行政区划为核心的区域经济发展格局，提出了我国区域经济发展理论和实践的新方向。提出“主体功能区”概念并率先在中国的国土规划中实施，无论在理论还是在实践上都是一种创新（傅前瞻，余茂辉，2010）①。

（二）主体功能区的涵义

不同学者对主体功能区的界定不尽相同。朱传耿（2007）认为，主体功能区是“具有某种特定主体功能的地域空间单元”。顾朝林等（2007）认为，主体功能区是一种以区域问题为导向的区域政策区②。李宪坡（2008）认为，主体功能区应该是地理空间、职能空间和政策空间的复合体③。也有人认为主体功能区属于一种典型的经济类型区，按照其在全国或者上级区域中所承担的不同主体功能而划定，其特点就是区内发展条件和经济特点的相对一致性，不同主体功能区所承担的主体功能定位和发展方向是不同的（殷平，2013：18）④。

---

① 傅前瞻，余茂辉．推进主体功能区建设必须正确认识和处理的若干关系［J］．经济问题探索，2010（3）：21－24.

② 顾朝林，张晓明，刘晋媛，张从果．盐城开发空间区划及其思考［J］．地理学报，2007（8）：787－798.

③ 李宪坡．解析我国主体功能区划基本问题［J］．人文地理，2008，23（1）：20－24.

④ 殷平．主体功能区协调发展理论与实践研究［M］．北京：电子工业出版社，2013：18.

主体功能区一般可以理解为一种“均质区”，同类主体功能区具有相似的区位、发展要素和条件、开发强度和发展原则。推进形成主体功能区是一项具有全局性、引导性、强制性的国家战略，是一项长期的艰巨任务，也是一项复杂的系统工程。不同的主体功能区，需要根据区域的具体情况，明确不同主体功能定位和区域发展方向。在我国，无论国家层面还是省市区层面，已经将主体功能区视为促进区域协调发展、优化人口与经济空间布局的有效途径。在市场经济条件下，主体功能区的形成需要依靠政府和市场的合力作用（傅前瞻，余茂辉，2010）。

三、产业功能区

产业功能区源自于北京市的创新实践，其本质是一种承载相关产业功能的空间载体，是实现相关社会资源聚集、有效发挥某种特定城市经济功能的地域空间组织形式。

（一）产业功能区的提出

2006 年 12 月，北京市发展和改革委员会发布了《北京市“十一五”时期六大重点功能区发展规划》，《规划》在发展思路中指出，通过“优化城区、强化郊区”，形成特色突出、分工明确、发展均衡的四大城市功能区域，即首都功能核心区、城市功能拓展区、城市发展新区和生态涵养发展区；推动六大重点产业功能区发展。这是国内首次提出产业功能区的概念（赵韦韦，2011）①。随后，产业功能区发展建设在天津、广州、上海等各大城市开展起来，四川省成都市政府于 2010 年也开始规划布局产业功能区，根据地域特点、资源禀赋条件和服务业发展的不同程度，将成都市区域性信息及服务中心建设划分为三个主要功能区，分别为服务业优化发展区、配套发展区、特色产业发展区。我国产业功能区发展尚处于起步阶段，且大部分是由政府出面规划建设，企业也主要是由政府引入，企业间

① 赵韦韦. 基于产业功能区的企业间创新网络合作研究——以成都市汽车产业功能区为例［D］. 西华大学，2011.

的主动合作较少，创新网络机制没有很好的得以建立，企业间的学习机制和长期稳定的合作关系有待加强。目前产业功能区已经成为国内学术讨论的新热点（赵韦韦，2011）。

（二）产业功能区的涵义

产业功能区在本质上是一种承载相关产业功能的地域空间载体，是在产业集群、产业集聚区的基础上发展起来的一种经济现象，是实现相关社会资源空间聚集、有效发挥某种特定城市功能的地域空间组织形式，是城市的重要组成部分，是构建科技创新网络并开展产业创新的高效载体。

产业功能区的核心构成要素是由企业、机构及相关交流平台构成的网络，各类设施、专业人才、资本以及相关的服务基于这一网络有效组织起来，共同形成具有明确产业功能和经济发展方向的空间单元。

产业功能区形成与演变的内在驱动力是产业竞争力的不断提升。产业功能区是一种有利于提升产业综合竞争力的空间生产组织形式，是产业集聚发展的空间表现。因此产业功能区的形态、规模、构成以及组织管理，应该能够更好地促进产业竞争力的持续提升。

产业功能区的核心特征是明确的发展定位。建设产业功能区需要分析产业与城市的关系、产业发展的宏观环境、功能区自身的产业发展基础和条件，明确产业功能区的定位，并基于产业功能要求优化产业布局，突破行政区划的束缚，强化地域之间的产业分工和互动联系，将产业发展相关的各种要素进行协调和整合，确定和筛选功能区的重点产业、主导产业、潜力产业及其相关支持政策和措施。

四、文化创意产业功能区

文化创意产业功能区是北京市委、市政府适应新时期文化创意产业发展目标的新策略，是文化创意产业集聚发展的新空间组织形式。文化创意产业功能区是以文化创意产业为经济主体的产业功能区，既具有一般产业功能区的特点，也具有自身的特殊性。

（一）文化创意产业功能区的涵义

文化创意产业功能区是根据区域文化发展基础、经济发展特色、资源环境承载能力以及在不同层次区域中的战略地位，对区域功能定位、产业发展导向和模式加以确定的类型区，主要突出区域对文化创意产业发展的总体要求，明确区域文化创意产业发展对城市文化创新职能的地位与作用。从操作层面而言，文化创意产业功能区规划建设应该按照土地集约、产业集聚、功能集中的原则，根据区县功能定位、资源禀赋和现有文化创意产业发展基础，以文化创意产业集聚区为重要载体，以重点企业和重大项目为引领，以政策体系和服务平台为保障，通过完善产业链、供应链、服务链，从而提升北京市文化创意产业规模化、集约化、专业化水平。

市场作用在文化创意产业功能区规划建设过程中起着决定性作用，决定着要素和资源配置，但政府的组织、管理和引导作用在文化市场培育、文化公共服务体系构建、文化创新环境优化等方面起着无法替代的重要作用，可以弥补由于经济外部性、不完全信息或信息不对称等原因造成的市场失效，缓解或消解市场作用的滞后性和盲目性，可以有效保障文化公共产品与服务供给，并改变文化创意产业无序或低效发展的局面。

对于文化和文化产业发展而言，文化创意产业功能区规划建设具有基础性、综合性和战略性特征。基础性特征是指，文化创意产业功能区是基于国土空间的资源禀赋、环境容量、现有开发强度、未来发展潜力等因素对于空间开发的分工定位和布局，是宏观层面制定文化创意产业发展战略和规划的基础，也是微观层面进行文化产业项目布局、城镇建设和人口疏解的基础。综合性特征是指，文化创意产业功能区规划既要考虑资源环境承载能力等自然要素，又要考虑现有空间开发密度和发展潜力等经济要素，同时还要考虑现有行政区的横向协同和纵向协调，是对功能区及其周边区域自然、经济、社会、文化等因素的综合考虑。战略性特征是指，文化创意产业功能区规划建设关系着城市文化事业及文化创意产业的长远发展，产业定位与发展方向具有长期稳定性，是事关文化创意产业发展的全局性举措，甚至对城市整体功能提升具有深远影响。

在一定的发展阶段内，文化创意产业功能区的类型、空间范围和功能定位应该基本保持稳定，但可以随着区域发展基础、资源环境承载能力以及在不同层次区域中的战略地位等变化而进行适度调整①。文化创意产业功能区一般都有特定的主导产业，是文化发展的高地，在空间上可以是连续的，也可以是不连续的，主要表现为一种政策集成空间或类型区。在现代城市体系中，一个卓越的文化创意产业功能区不仅是本区域的发展引擎，而且在整个城市乃至周边城市圈的产业分工中扮演主角，甚至跻身为全球化创新网络及经济发展链条的重要节点。

（二）文化创意产业功能区的正确认识

文化创意产业功能区与主体功能区比较。文化创意产业功能区是构成主体功能区的特定功能空间，有的文化创意产业功能区位于某一类主体功能区内，有的文化创意产业功能区在空间上跨越不同主体功能区。主体功能区主要强调区域发展方向和开发方式的一致性，但不同的主体功能区其发展条件和空间开发强度等方面存在较大的差异。文化创意产业功能区是承载文化创意产业的空间载体，强调的是基于产业链、价值链和供应链等方面的功能相关性，某种文化创意产业功能区内部往往具有相似的发展条件和发展水平，但不同的文化创意产业功能区其发展条件和开发强度往往存在较大的差异。

文化创意产业功能区与产业功能区比较。文化创意产业功能区是产业功能区的一种，是以文化创意产业为经济主体的产业功能区，既具有一般产业功能区的特点，也具有自身的特殊性。作为产业功能区，其对文化创意产业的影响主要表现在三个方面：一是有利于文化创意产业集群的形成，提升相关企业的竞争力，从而形成和保持相关产业的竞争优势；二是明确相关文化创意行业的创新方向，降低功能区内企业的创新成本；三是

---

① 高国力．如何认识我国主体功能区划及其内涵特征［J］．中国发展观察，2007－03－05．

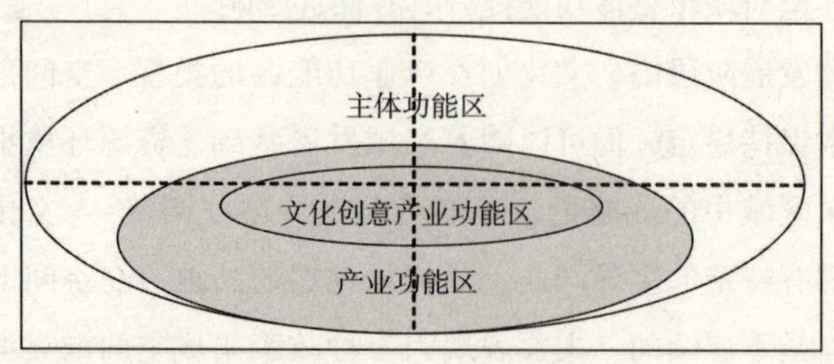

图5－1　文化创意产业功能区、产业功能区、主体功能区的关系图

由于规模经济效益带来行业规模不断扩大，同时通过溢出效应促进新企业的形成和发展。作为城市文化创新和发展的空间载体，文化创意产业功能区还对周边社区和经济区的文化氛围形成具有深刻影响，因此文化创意产业的健康发展对城市文化建设具有重要意义。

文化创意产业功能区与行政区比较。行政区是一种基于公共管理需求而设定的功能区，尽管行政区设定过程中会在一定程度上参照区域产业协作及联系，但其功能更为复杂，往往与产业区存在较大的差异。文化创意产业功能区在本质上是一种政策区域，在空间上往往会突破行政区划的界限，以产业协作及功能集聚作为范围界定、政策实施的依据。由于文化创意产业功能区往往具有跨行政区的特点，因此在管理上需要不同行政区的协同，宏观层面的统筹也更为必要和重要。

文化创意产业功能区规划建设需要开展新的实践探索，而不是理论推演。就国内外而言，文化创意产业功能区建设没有可供参考的成熟经验，尽管北京已经有“六高四新”功能区及产业发展新区，但是鉴于文化创意产业所具有的特殊性，现有金融街、经济技术开发区、高新技术产业等产业功能区的发展经验无法简单复制和套用，需要根据文化产业的特征和发展规律不断探索。

充分利用市场机制协调各方利益是文化创意产业功能区规划建设的难点。一方面，需要在全市宏观层面进行统筹和协调，基于区域文化资源的独特优势、产业发展条件等进行空间布局优化，协调不同区县乃至乡镇

（街道）的利益，追求地方利益和全市利益的协调和共赢；另一方面，需要基于文化创意产业发展的宏观目标及市场文化需求，协调好不同行业发展，避免低水平同质恶性竞争。

作为“政策区域”和产业类型区，文化创意产业功能区需要政策创新。文化创意产业功能区政策对涉及文化、科技、产业、土地、税收、人才、金融等诸多领域的政策进行整合和协同，需要国家“一揽子”政策、措施和标准，需要国家、北京市和各区县形成合力，开展文化政策先行先试。

第二节　文化创意产业功能区的构成与分类

探讨文化创意产业功能区的构成要素及关键行为主体，了解不同主体之间的相互关系，并基于文化创意产业功能区的主导产业、功能特点或产业形态、发展阶段和成熟度、产业规模和规划面积大小，对文化创意产业功能区进行分类。

一、文化创意产业功能区的构成要素

文化创意产业功能区的构成要素包括创意空间、创意人才、创意网络和产业资本等，与一般产业功能区的构成要素既有相似性又有自身特色，其特色在于文化创意产业所具有的精神属性和知识属性，人和人的精神创造力相关方面尤其重要。

（一）创意空间

创意空间既是文化创意产业的空间载体，也是文化创意产业功能区的空间单元。文化创意的核心产业链包括内容创意、内容创意复制、相关设备生产、市场营销等环节，其中内容创意是最为关键的环节。从社会分工的角度来看，文化创意产业的各个环节在空间上是可以分离的，有不同的

聚集方式。其中内容创意环节的空间布局特征及空间要求具有特殊性，由于内容创意来源于个体的聪明才智、才艺和创造力，内容创意聚集的主要目标不是规模经济报酬递增，而是个性思想火花碰撞，实现创意规模递增，因此文化创意产业功能区的创意空间更加注重物质要素的文化特质，更加注重人性化、灵活性、行为参与与个性化空间创造、内外环境交融以及文化内涵。①

创意空间对文化创意产业功能区的影响体现在两个方面。一是文化资源特质。文化创意产业发展主要涉及科学技术、先锋时尚、历史传统三种文化资源，一般是通过科学技术推进先锋时尚文化和历史传统文化的产业化，从而实现文化创意产业的发展，文化资源越多样、越独特、影响力越广泛，越有利于文化创意产业集聚发展。科学技术相关的文化资源具有明显的“后发优势”，如果缺乏必要的管理协调容易导致功能区产业结构雷同，则需要通过持续投入、完善创新机制等在科学技术方面一直保持所在领域地位，如动漫、网络游戏、电信增值等产业。先锋时尚文化引领某一文化领域的潮流，不依赖高科技，难以复制，因此容易占领产业发展的一席之地，但难以实现产业化，如北京的“大山子 798”、“宋庄画家村”等。传统历史文化具有单一性、独特性，具有“先发优势”，难以模仿和复制，开发历史传统文化资源可以使老城区迅速实现有机更新。

二是空间限制性。从创意空间的物质属性来看，空间具有占用的排他性、空间结构的刚性，空间本身也是一种稀缺的资源②，空间规模的大小深刻影响着文化创意产业功能区的发展。文化创意企业数量和规模增加，需要一定的空间保障，如果空间规模过大则会稀释文化资源，降低土地利用的综合效益，空间规模过小则会限制文化创意产业的集约化发展。在文化创意产业发展实践中，通过结构调整可以释放一定生产潜能，在一定程度上缓解空间限制的束缚。

---

① 杨坤．创意产业园的建筑空间研究［D］．大连：大连理工大学硕士学位论文，2006．

② 杜黎明，薛立波．城市空间管治视野下的文化产业发展研究［J］．经济问题探索，2011（9）：74－77．

（二）创意人才

在文化创意产业中，内容创意在产品的整个生产过程中占据核心地位，具有创新意识、智慧和能力的人才是发展的关键乃至优先要素。创新的基础是人才，创意人才的数量、结构和创新能动性决定着文化创意产业功能区的创新水平和竞争力。

文化创意产业发展需要多种创意人才，包括艺术人才、时尚人才、技术人才、管理人才等。北京无疑是我国人力资本最为丰富的大都会，文化创意产业人才优势明显，然而，结构性人才短缺，特别是缺少懂得经营、熟悉文化、掌握科技知识的复合型高端创意人才、经营管理人才、对外贸易人才，是制约文化创意产业发展的重要因素。

（三）创意网络

创意网络是文化创意产业功能区内的各类企业、创意机构、金融机构、中介机构等主体，依托契约、信息和传媒网络、社会关系，通过价值链、供应链、产业链等链接而成的创新系统。企业通过创新网络可以获取更广泛的资源，缩短科技创新周期，提高竞争力，促进企业的合作交流和发展壮大。

（四）产业资本

资本是影响文化创意产业功能区发展的关键要素之一。从功能区而言，完善基础设施、公共服务设施建设需要资金支持，构建创新网络平台和公共技术服务平台也需要资金支持，鉴于文化创意产业功能区对空间质量的要求较高，美化和优化功能区的环境、构建个性化空间等，也需要充裕的资金支持。从企业而言，文化创意企业创新活动离不开资金支持，良好的资金支持可以降低企业创新的风险，促进文化企业的繁荣。一般来说，文化创意企业在资本市场的融资能力对其创新活动影响巨大，金融机构的贷款（包括银行贷款与非银行的金融机构贷款）可以解决制约文化创意企业技术创新的资金瓶颈。

（五）政策体系

根据国家相关政策文件，围绕文化创意产业发展，北京市和各区县政府出台的相关文化政策、科技创新政策、人才政策、投融资政策，以及文化与其他产业融合相关的各项政策措施等，构成了错综复杂的文化创意产业功能区政策体系。政策体系是文化创意产业功能区发展和有效管理的保障。

（六）服务平台

文化创意产业服务平台是由政府主导或者文化企业、中介机构等主导，通过信息化手段建立起来的各种管理与服务系统，是社会化服务体系的重要组成部分，包括管理和服务的软件体系及其硬件支撑体系，其核心功能是通过市场机制为文化企业提供各种资源和要素条件、交流交易服务、咨询服务等，包括投融资平台、文化项目的孵化平台、信用评价平台、人才交流平台、知识产权平台、展示交易平台等。

二、文化创意产业功能区的行为主体及其相互关系

文化创意产业功能区的主体包括政府、企业、社会团体、创意机构等。根据文化创意产业发展的现实需要，文化创意产业功能区的关键主体通过创意网络形成一个文化创意产业集群资源整合的创新平台，以便于与各方开展有效沟通与协作。

（一）政府——文化创意产业功能区的协调和引导者

政府推动和培育一直以来是文化创意产业发展的重要动力。相对于其他产业，文化创意产业具有推进文化事业发展的历史使命，或多或少地具有公共品属性，需要政府的有效管控、协调和引导。政府的积极作用主要体现在以下四个方面：一是文化创意产业功能区的规划和建设。政府是制定文化创意产业发展规划、文化创意产业功能区规划的主导者，文化创意产业的发展方向、空间布局等在很大程度上与政府的管控有关。二是文化

创意产业功能区发展政策和资金支持。北京市文化创意产业发展实践表明，政府的政策鼓励、项目投资等对产业发展具有深刻影响。三是构建文化创意产业孵化器以及公共服务和交流交易平台。四是掌控功能区企业入驻门槛，对于文化创意产业发展的方向和行业门类具有重要影响。

（二）文化创意企业——文化创意产业功能区的关键创新主体

企业是市场经济的主体，随着市场在资源配置中决定性作用的深化，企业在文化创意产业发展中的主体地位和作用都将得到强化。企业的主体作用表现在以下相互联系的两个方面：首先，企业是经营管理的主体，在市场经济中，企业是决定投资、发展战略、生产内容、生产方式等的主导者；其次，企业是技术创新的主体，主导着产品、工艺等创新的方式、方向和路线图。企业作为创新主体的积极性和活跃程度，对于企业发展具有决定性作用。文化创意企业既是文化市场的关键主体，也是文化创意产业功能区发展的关键创新主体。

（三）创意研究机构——文化创意产业功能区的创新参与者

创意研究机构指专门从事文化创意产业理论及相关研究的机构，主要指依托各类高校和科研院所的人才和创新优势所组建的专门从事创意及相关活动研究的机构，是文化创意产业功能区的智力和人才库，为文化创意产业提供理论支持和人才储备。创意研究机构利用各种媒体网络和服务平台为企业提供咨询服务，也可以通过产学研合作为企业创新提供所需要的创意和技术支持。一般地，创意研究机构通过产学研合作，通过有偿服务或合作经营的形式向企业推介文化创意产业的理论和创意成果，为企业提供各种人才教育和创新服务。创意研究机构通过企业将研究成果转化为经济效益，从而支撑其开展进一步的创意研究与开发，实现创意学术研究的可持续性。

（四）文化社会团体——文化创意产业功能区的重要服务者

文化社会团体是指从事各种文化创意活动的非营利性社会组织，如行业协会、学术性社团、专业性社团等，其主要职能包括运用专业知识为社会或者特定群体提供与文化相关的公益服务，或组织一些公众参与的活动。随着政府职能转变和文化市场发育，政府将成为文化创意产业发展的宏观引导者和协调者，市场将成为文化资源、创新资源、投融资、人才等各种发展要素配置的决定性力量，而社会团体则可以成为企业联通政府和市场的桥梁和纽带，可以为文化创意产业功能区企业提供广泛的服务。如行业协会可以开展行业基础调查，为企业提供所需要的信息，并为功能区发展规划当好参谋与助手；学术性社团和专业性社团可以参与信息服务、文化交流、人才培训、文化宣传等，不仅可以为功能区企业提供服务，也有利于促进集聚区的品牌打造和宣传。

（五）金融机构——文化创意产业功能区的融资平台

金融机构是指从事金融服务业有关的中介机构，为金融体系重要组成部分，涉及银行、证券、保险、信托、基金等行业，包括银行、证券公司、保险公司、信托投资公司和基金管理公司等。文化创意企业目前普遍存在融资需求大、规模小的特点，而且由于其资产比较轻、未来收益和市场价值的不确定性，导致金融机构支持文化创意企业发展整体上比较谨慎，同时，金融机构能够提供给文化创意企业的金融服务和工具品种还比较单一，缺乏专门针对文化创意企业的融资、财务、经营管理等一系列的金融服务。因此，要把金融机构作为文化创意产业功能区的重要融资平台，需要外部有良好的融资环境和配套服务，同时也需要企业自身的转变，以更好地适应投资人的投资条件，实现文化资源与金融资金的全面深入对接。

三、文化创意产业功能区的分类

（一）按照主导产业分类

根据现有的统计口径，可以将文化创意产业功能区划分为动漫网游及数字内容、文化艺术、传媒影视、出版发行、设计服务、文化交易、会展活动、文化休闲、产业融合类等不同类型功能区（表5-1）。

表5-1 按照主导产业分类的文化创意产业功能区

文化创意产业功能区类型	分类标准
动漫网游及数字内容功能区	主导产业主要包括网络游戏、数字内容等
文化艺术产业功能区	主导产业主要包括文艺团体、演出场所、演出经纪中介等
传媒影视产业功能区	主导产业主要包括广播、电视、电影业
出版发行产业功能区	主导产业主要包括新闻出版业
设计服务产业功能区	主导产业主要包括工业广告、工业设计、企业设计
文化交易产业功能区	主导产业主要包括艺术品交易业
会展活动产业功能区	主导产业主要包括会展业
文化休闲产业功能区	主导产业主要包括休闲娱乐业、旅游活动
产业融合类功能区	主导产业如文化科技融合、文化与金融融合

（二）按功能区发展阶段和成熟度划分

按照功能区的发展阶段和成熟度，可以将文化创意产业功能区划分为规划建设阶段、起步发展阶段、极化发展阶段、成熟辐射发展阶段四种类型（表5-2）。

表5-2 按照功能区发展阶段和成熟度分类的文化创意产业功能区

功能区类型	分类标准
规划建设阶段功能区	政府通过调研进行规划，制定相关发展政策，从自发发展阶段向政府引导阶段过渡
起步发展阶段功能区	文化、资金、创意人才等要素资源开始集聚，功能区发展已现雏形
极化发展阶段功能区	企业数量迅速增加，创意人才迅速集中，文化创意标准不断形成，功能区规模迅速扩大
成熟辐射发展阶段功能区	标准体系形成，产业链稳定发展，新业态不断形成，产业规模扩大并趋于稳定

第三节　文化创意产业功能区形成机制和演变规律

通过探讨文化创意产业功能区的形成机制和演变规律，了解文化创意产业功能区的发展过程，为文化创意产业功能区规划建设及监测管理提供理论指导。

一、文化创意产业功能区的形成机制

产业空间演变受到产业市场发展规律、市场作用和政府作为等多种因素的综合影响。文化创意产业功能区的形成存在以下三种机制。

一是市场主导机制。这种机制的作用力主要源于市场需求而导致的城市经济结构转变和空间布局的自发调整。即文化创意产业功能区的产生、变化和发展取决于市场文化需求与文化产品及服务供给的演变，市场对于文化创意产业的需求增长导致产业的扩张，从而催生了具有产业聚集效应的功能区。这种机制的前提是在区域范围内已经形成了专业化的文化市场，可以为文化创意企业提供稳定可靠的交易平台和信息，使一些企业基于文化专业市场而集中布局在功能区内，并形成互动关联的产业链、供应链、服务链。在市场主导机制下，文化创意产业功能区自身的区位优势、文化底蕴、历史积淀等是功能区发展的关键。

二是政府引导机制。这种机制属于一种供给导向型的产业集聚模式，大多发生在产业体系尚未形成、自身发展能力不足的阶段和区域，需要依靠政府支持加快产业培育和产业升级。政府引导机制一般通过政策鼓励、规划实施、重大产业项目等推动文化创意产业功能区的发展。政府能否充分把握内外部发展环境变化、选择适宜的发展路径、给予适度的政策支持并合理发挥市场机制的激励作用，是政府引导机制成功的关键。

三是混合机制。这种机制下文化创意产业功能区的形成是文化创意产业发展积累和政策扶持共同作用的结果。根据功能区文化创意产业发展初

期的启动要素，可以分为两种情况：一是在发展初期主要依赖特色产业的领先优势和历史地位等因素，通过政府培育和扶持逐渐发展壮大；二是在发展初期主要依赖政府规划建设和重要开发项目布局，后期通过市场机制实现了人才、投资、技术等关键要素集聚而逐渐发展壮大。

二、文化创意产业功能区的发展演变规律

尽管不同类型的文化创意产业功能区具有不同的形成机制，但从总体来看，文化创意产业功能区的形成和发展仍然有一定的规律可循。通过研究一般产业功能区的发展规律，结合文化创意产业功能区的特殊性，笔者初步总结了文化创意产业功能区发展演变一般经过以下几个阶段。

（一）资源集聚阶段

无论形成机制如何，文化创意产业功能区都需要经历资源集聚的初始阶段。这一阶段的典型特征是具有相同产业形态的文化创意企业在一定地理空间内集聚，形成功能相近的若干个特色集聚区，共同构成特色功能区的雏形。功能区内以个体和中小型企业为主，彼此间的经济联系松散，具有产业综合体的初级形态。文化创意产业功能区在这一阶段主要以粗放式发展方式为主，主要功能是集聚创意要素，培育创意生产力，服务创意者的生产需求，孵化新型创意企业，目的是通过功能集中、集聚效应促进创意产出，形成规模化的创意产能。

（二）政策引导阶段

经过特色资源集聚形成文化创意产业功能区初步形态后，就需要政府利用政策工具对文化创意产业功能区进行统筹和引导，推动产业健康发展。在这一阶段，要通过政府的积极作为，促进文化创意产业功能区的特色化、差异化和错位发展。要凸显政策规划的导向作用，推动文化创意产业布局优化和竞争力提升，使整个区域内的文化创意产业健康有序发展。同时，要通过规范性的制度建设，增强文化创意产业功能区在资源配置、企业吸引、技术创新、龙头企业培育、文化品牌塑造等方面的服务功能。

（三）极化发展阶段

“极化发展”的内涵是“集中”、“集聚”和“集约”，实现经济发展的“要素集中”、“结构优化”和“功能提升”。通过非均衡的“极化发展”，不但能够集中相当一部分的优质资源，也能培育起一批特色优势产业，成为区域经济发展的重要支撑，并引领区域品牌化发展。在市场和政府的双重作用下，文化创意产业功能区的产业特色会越来越突出，逐渐形成区域文化创意品牌。在此过程中，不符合功能定位的其他业态的发展空间将被压缩，进一步凸显特色文化创意产业的优势地位，形成极化发展格局。

（四）泛化延伸阶段

“极化发展”并不是文化创意产业功能区发展的最终目的。笔者认为，文化创意产业功能区的使命在于引领产业健康发展，对区域外部形成溢出、辐射、牵引和带动，即文化创意产业功能区的“泛化延伸”效应。“泛化延伸”的内涵是“外溢”、“扩散”和“拓展”，借以实现经济发展的“功能延伸”、“规模扩张”和“总量增加”。文化创意产业功能区从“极化发展”到“泛化延伸”是区域经济发展的必然趋势，随着各种资源要素向文化创意产业功能区的集聚，功能区内的土地、交通、环境成本将对要素集聚产生离心力，经济效率会呈现下降趋势。这种情形下，功能区的资源“泛化”和功能“延伸”是发展规律作用下的必然抉择。泛化延伸标志着文化创意产业功能区发展进入成熟阶段。

第四节　文化创意产业集聚区与功能区比较

下面从形成和发展动力、演化路径、实践优势等方面比较文化创意产业集聚区和功能区的区别，理解文化创意产业功能区规划建设的必然性和合理性。

一、形成与发展机制比较

（一）演化动力不同

文化创意产业集聚区演化动力主要有两个方面：一是政府推动，遵照市场规律和文化产业自身发展规律，政府通过公共政策或开发行动设定文化创意产业园区，鼓励具有产业链或者价值链联系的企业或机构不断集中或者聚集；二是市场推动，市场作用是文化创意产业集聚发展的决定性作用，当文化创意产业发展到一定阶段，会通过临近布局而形成产业集聚区，如通州宋庄等地由于艺术从业者集中而形成的画家村等。无论政府推动还是市场推动，其重要目标是促进功能区产业集群发展和优势产业链的形成，并通过产业功能集聚形成新的经济增长点。

一般而言，文化创意产业集聚区发展的主导作用是市场推动，政府往往在一定的发展阶段介入，主要通过产业政策、规划等进行引导。而文化创意产业功能区规划建设过程中，政府推动具有关键性作用，具体表现为两个方面：一是政府通过规划、区域开发等管治手段将位于不同行政区的文化创意产业园区、集聚区等空间联系起来，给予其最适合的“一揽子”政策支持，解决文化创意产业面临的各种问题；二是政府通过行政手段协调不同行政主体的利益关系，使文化创意产业功能区成为一个具有活力和相对完整产业功能的空间载体。

需要说明的是，文化创意产业功能区规划建设的前提是相关政府管理部门进行充分的调研，并科学把握不同文化产业市场的发展阶段和作用规律。政府推动作用促进文化创意产业功能区健康发展的关键是为市场机制进行高效资源配置营造有利环境，抑制由于市场竞争而带来的不经济性现象，如培育公平公正的文化市场体系、推动文化中介机构培育、建立高效的文化交易和交流平台等。（图 5 – 2）

（二）演化路径不同

文化创意产业集聚区是文化创意产业发展的初期阶段，而文化创意产

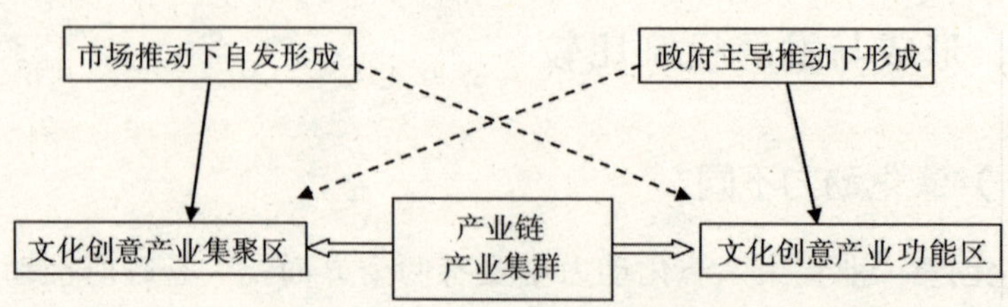

图5-2 文化创意产业集聚区和功能区形成与发展的机制

业功能区是产业发展方向明晰、产业规模扩大和质量提升、产业专业化程度提高、产业集聚效益提升、行业关联互动增强、新兴业态增加、品牌效应强化的集聚发展的高级阶段。

规划建设文化创意产业功能区并非是要放弃文化创意产业集聚区的发展，而是要将文化创意产业集聚区作为文化创意产业功能区的有机组成部分，在功能区范畴下有序发展。“一区多点、政策覆盖”是文化创意产业功能区规划布局的重要原则，全市已认定了30个文化创意产业集聚区，文化创意产业集聚区成为文化创意产业功能区的重要分布点，一些功能相近的文化创意产业集聚区也纳入了同一功能区中。在这种情况下，文化创意产业集聚区的发展已经不是孤立的发展，而是要在文化创意产业功能区的框架下，重新定位自身的发展特色，避免同质竞争和盲目建设，从而实现与同一功能区中其他区域差异化发展。

文化创意产业功能区是在集聚区的基础之上，以提升产业功能、优化产业布局、塑造产业品牌为目标提出的新概念，文化创意产业集聚区与功能区联系的桥梁是文化创意产业链和产业集群。如何将这一新的发展模式与当前经济社会发展形势有机结合，充分释放文化创意产业功能区的效能，是一个需要不断研究和摸索的长期过程。因此，在规划建设文化创意产业功能区的过程中，必须要在厘清文化创意产业功能区的概念和内涵的基础上，准确把握文化创意产业功能区的发展规律和阶段特征，并处理好影响文化创意产业功能区规划建设的各种关系。

（三）空间特征不同

文化创意产业集聚区在空间上往往是连续的，划分的依据也往往与空间临近性与管理一致性相关。文化创意产业功能区划分不同于一般的行政单元和自然单元划分，而是根据区域资源特色、环境承载能力、现有开发密度和发展潜力，统筹考虑人口分布、产业布局、土地利用和城镇化格局，将具有特色文化创意优势的区域划分为不同类型的空间单元，并把这些分布在不同行政区的同类型空间单元进行统筹组合的产业区（图5－3）。

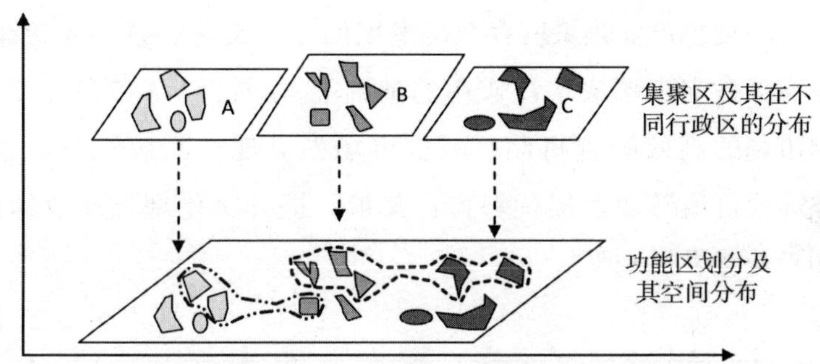

图5－3 文化创意产业集聚区与功能区发展演变的过程

二、实践优势比较

相对于文化创意产业集聚区，文化创意产业功能区具有明显的实践优势，是新时期文化创意产业发展的空间组织新形式，可以更好地解决文化创意产业集聚区发展过程中存在的问题。

（一）发展思路不同

文化创意产业集聚区发展的基本目标是促进产业集聚发展。文化创意产业功能区是政策类型区，旨在通过跨行政区的产业整合，促进文化创意产业主导功能的提升。具体而言，文化创意产业功能区规划建设是按照土地集约、产业集聚、功能集中的原则，根据区县功能定位、资源禀赋和现有文化创意产业发展基础，以文化创意产业集聚区为重要载体，以重点企业和重大项目为引领，以政策体系和服务平台为保障，通过完善产业链、供应链、服务链，走融合式、内涵式、集约化、品牌化和国际化发展之路。

（二）实践内涵不同

就目前而言，文化创意产业集聚区的主要特征表现为同类或相关企业的简单集中，并没有很好地基于产业链、供应链、服务链或价值链而形成高效的产业集群，主导和优势产业链不突出。

针对文化创意产业集聚区存在的发展问题，文化创意产业功能区规划建设是在充分肯定市场决定性作用的基础上，积极培育和完善市场体系，充分利用市场的高效配置机制，减少市场失灵现象，基于产业链、供应链、服务链或价值链而形成优势产业集群，提升文化创意产业的规模化、集约化和专业化发展水平。

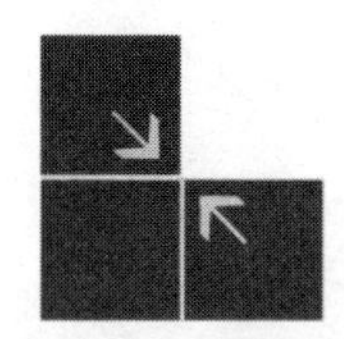

第三部分

借鉴篇

第六章 英美创意产业集群发展经验借鉴

北京已将文化创意产业作为重点发展的高端产业，明确了其发展梯次，并积极推进文化创意产业集聚区向功能区转型，因而其他国家和地区成功的创意产业集群发展经验对北京具有十分重要的借鉴意义。西方国家文化创意产业发展成效显著，英国、美国等都是重要典范。尽管这些国家的创意产业发展集群的形成模式都具有各自鲜明的地域特色和发展优势，但仍然能从中探索出创意产业集群的演进规律和其以功能聚合为特点的发展模式和政策架构。

第一节 英国创意产业集群发展经验

“创意产业”的定义最早是由英国提出的，英国创意产业的发展具有典型的特征。英国曾经被誉为“世界工厂”，但因为历史变迁，最终失去了制造业大国的霸主地位，也因此面临着各种问题。1997 年 5 月，英国政府成立了创意产业特别工作小组，为了解决就业问题和调整产业结构，将创意产业作为重振英国经济的重要手段。创意产业在英国迅猛发展，成为英国经济的新增长点，帮助英国实现了传统文化产业的成功转型和升级，同时也为世界各国的创意产业发展探索出了一条成功之路。

一、英国创意产业集群的发展格局

英国创意产业分为十三类，其中音乐产业、电视产业、出版业、表演艺术类、广播影视业等是英国创意产业体系中的主干，占据了主体地位。据统计，英国的音乐产业年产值超过47.9亿美元，出口额占英国创意产业出口总额超过1/2，出口利润位居全球第二，仅次于美国。英国音乐制品的销售额连续10年始终保持10%以上的增长速度，现其销量已经位居世界第三，并占全球音乐产业的15%。在电视产业上，英国的电视节目模式的发展一直处于世界领先地位，节目模式的时数输出占全球市场的53%，英国电视产业的年产值约为120亿英镑，并在电视节目制作、数码电视以及动画方面一直享有优势。英国是世界一流的电影制作中心，拥有100多家电影工作室，并且在商业巨片、动漫、剧情片、纪录片等方面都有出色的表现，而伦敦已经成为世界上第三大最繁忙的电影摄制中心。英国的设计行业涉猎了很多领域，包括品牌、包装、产品设计、室内设计、建筑、时尚、多媒体以及手工艺，并且拥有4000多家商业设计咨询公司和庞大的自由设计师团队。英国的出版业规模庞大，且具有多元性，新书的年出版量超过10万本，出版规模位居欧洲第二位。英国是世界最大的出版产业出口与再出口国，其出版产业对外销售产值每年就超过10亿英镑。在电子软件方面，英国的电子游戏制作产出位居世界第四，并且拥有5.4万家电子软件公司，全球获利最高的电子游戏的前100名中，有26个是英国制作的，视频游戏业的销售额占全球总销售额的16%，纯出口利润超过了钢铁的出口。

从空间布局上来看，英国的创意产业主要集中在伦敦、谢菲尔德、布里斯托尔、格拉斯哥、曼彻斯特、爱丁堡及利物浦等城市，并根据各自的优势和产业基础形成了特色鲜明的创意产业集聚区，呈现出了功能集聚的分布特点（表6-1）。

表6-1 英国主要创意产业集聚区分布

城市	创意产业部门	创意产业集聚区
伦敦	音乐、电影、广播、电视、广告、软件、娱乐、时尚设计	伦敦西区、伦敦 SOHO 区、伦敦东部的霍克斯顿、东北部的克勒肯维尔、牛津科技园、剑桥科技园
曼彻斯特	出版、咨询、数字化媒体影视技术、通讯服务	曼彻斯特北部创意产业园区
谢菲尔德	美术、音乐、软件、设计、电影、音像制作	谢菲尔德创意产业园区
布里斯托尔	电视与数字媒体	布里斯托尔电视与数字媒体园区
利物浦	美术、设计、文化旅游、商务服务	特泰美术馆及创意社区
格拉斯哥	软件、设计、电信服务	电子工业园区
爱丁堡	音乐艺术、文化旅游及金融服务	爱丁堡商务园区
伍尔弗汉普顿	音乐、文化旅游	伍尔弗汉普顿文化园区

伦敦是英国的创意产业中心，创意产业为伦敦的经济做出了巨大的贡献，创意产业产值达到了210亿英镑，占伦敦GDP的15%，成为仅次于金融业的支柱产业。此外，伦敦有超过50万人从事创意行业，占伦敦就业总人数的1/4，为解决伦敦的就业问题做出了很大的贡献。随着传统产业的衰落，英国的典型工业城市，如谢菲尔德、利物浦、曼彻斯特、格拉斯等，在政府的政策推动扶持下，成功地将原工业建筑改建成了创意产业集聚区，为发展音乐、多媒体制作、电子软件、音乐等产业提供了基础，并建立与其相关的创意商业和会展服务。这些城市已经成为工业城市成功转型城市功能和产业结构的典范。

二、英国创意产业集群的发展模式

伦敦是全球提出创意产业概念较早的城市，并且逐渐成为引领世界创意潮流的创意产业中心。伦敦西区创意产业园、东区霍克斯顿创意产业园以及东北部克勒肯维尔园区等都是伦敦较为典型的创意产业集聚区，而其中最典型和最具影响力的是伦敦西区创意产业园。

（一）伦敦西区模式

伦敦西区是英国戏剧界的代名词，与百老汇齐名，并居世界两大戏剧中心。伦敦西区产生于16世纪末，兴于17世纪，当时的王宫、教堂等都集聚在伦敦西区，因此伦敦的许多剧院也都集中在这一带。伦敦现有剧院100家左右，西区就集中了49家。这些剧院大多数都集中在夏夫茨伯里和黑马克这两个街区内，这两个街区面积不足1平方英里，而这里就被人们称为伦敦西区。伦敦西区位于伦敦的市中心，是金融商贸业和休闲娱乐业高度发达的地区，除了拥有数量众多的剧院外，伦敦西区也汇集了数百家的音乐、影视制作、广告、摄影、设计公司，以及各类知名的酒吧、书店、餐厅、休闲娱乐场所等，形成了一个以戏剧表演、休闲娱乐为主体，产业结构紧密的创意产业集群，并成为世界最具特色、最成熟的创意产业集群成功典范之一。伦敦西区仍然保持着传统的建筑风格和表演特色，因此伦敦西区创意产业集群是以传统文化为基础建立起来的自发性集聚的产业集群。

经过传统文化和现代元素的不断融合，伦敦西区作为伦敦最大的戏剧音乐集聚区，如今已逐渐成为一个日益完善的创意经济体，成为伦敦乃至整个英国经济发展的新增长点。伦敦西区的演出业年产值达20亿英镑，音乐产业创造的增加值超过了15亿英镑，均占英国的演出业和音乐产业总产值的一半以上。英国的电影制作有2/3以上都是在伦敦西区完成，而且众多广播电视产业企业也都选择在伦敦西区发展。

2010年，伦敦西区剧场的演出剧目上升到了18615个，超过1400万名来自世界各地的剧迷走进伦敦西区剧院，票房超过了5.12亿英镑，使得西区剧场的经济贡献又一次刷新了历史纪录。伦敦西区的高票房为国库上缴了近0.763亿英镑的增值税，成功地为英国经济带来了0.5个百分点的增长。

伦敦的外汇收入主要包括海外游客和出口剧目，因而伦敦西区在出口创汇上也为伦敦经济做出了巨大的贡献。伦敦西区积极吸引海内外游客，每年能吸引2亿游客，创造消费额近60亿英镑。由于前往西区的海外游客多为以购物游为主的高端消费群体，因而海外游客的消费额占西区总消费额约1/3，带动了相关产业消费，总收入超过10亿英镑，与此同时，也使得戏剧表演的相关服务领域以及旅游、工艺品、休闲娱乐等领域的就业岗位大量增加，减轻了就业压力。在积极吸引海内外游客的同时，伦敦西区也在加大出口剧目的数量，每年有大量的剧目在海外商演，出口剧目年创汇可达5000万英镑，与其他新兴产业相比，西区出口剧目的创汇能力十分出色。伦敦西区虽然空间资源有限，但是通过集群的优势，吸引了大量的海内外游客和观众群，不仅营造了伦敦西区独特的人文环境，也为伦敦经济的发展带来了机遇。

伦敦西区模式是全球最具特色的创意产业集群模式之一，对创意产业的整体发展产生了巨大的影响。西区模式的成功之处主要有三点：一是完善的市场化运作机制。伦敦西区的剧院中，仅有少数剧院能够享受政府资助，这些剧院都在国际上享有盛誉并具有极强支柱作用，如皇家剧院、皇家莎士比亚剧院、英格兰国家歌剧院等。而大部分的中小剧院则需要通过完善的市场化运作进行商业性的演出。为降低商演风险，保证经济利益的最大化，英国艺术理事会通过基金支持的方式，鼓励创作新的戏剧艺术，促进商业演出机构与非商业院团之间的合作。艺术价值高的作品，要首先在国家资助的剧院演出，演出成功后再转入商业剧院。二是剧院采取错层发展战略。伦敦西区剧院的规模不同，剧目也有很多种类，包括歌舞剧、话剧、音乐剧、芭蕾舞、现代舞等，吸引的观众类型也多种多样。因此为了使得剧院的剧目能够满足不同观众的口味，伦敦西区采取了错层发展战略，合理分配演出市场，达到提高经济效益的目的。例如，一些获得政府资助的老字号剧场一般会常年上演经典剧目，而中小规模的剧场则会上演一些热门的音乐剧和歌舞类节目，吸引更多的观众，以达到经济利益最大化的目的。三是积极培育受众群体。伦敦西区针对不同的观众群体进行广泛的调查，根据调查结果制定引导和培育受众群体的针对性措施，从而为各类演出形式形成相应的固定观众，保证演出的上座率和票房收入，达到空间效应与经济效益最大化的目的。

（二）布里斯托尔模式

被称为英国第二大“媒体城市”的布里斯托尔，是英国西南地区最大的城市，主要以电视与数字媒体作为其标志性产业。布里斯托尔的创意产业主要以制作独立纪录片而闻名，尤其是以自然、生态为主题的影视作品，因此布里斯托尔也被称为“绿色好莱坞”。

布里斯托尔的电视与数字媒体产业园区位于布里斯托尔港口南部的克里夫顿区，紧邻布里斯托尔大学。高科技产业一直是布里斯托尔的城市产业发展方向，自英国 BBC 分支机构进驻布里斯托尔，电视与数字媒体产业园区就此形成。凭借着布里斯托尔的地理环境和政府产业政策的支持，以及布里斯托尔大学等高等院校的人才资源、专业知识和技术支持，布里斯托尔已成为自然和生态历史电影的制作中心，以及全球野生电视专家们的聚集地。

布里斯托尔创意产业园的产业集中度极高。园区内的公司紧邻布里斯托尔大学，除了 BBC 和 Partridge 两家大型公司以外，还聚集了大量中小型的独立制片公司，在这些核心企业的周围又集中了许多中小企业、微型企业以及提供专业服务的创意人员，从而形成了一个紧密而又完整的产业网络。园区作为 BBC 的一个主要地方生产中心，现已聚集了 1 万多名创意人员，创造了约 11 亿英镑的经济产值，年增长率相比其他产业较高。如园区内的绿伞有限公司，仅有 27 名员工，以承接 BBC 的后期剪辑和影片制作工作为主业，每年仅纪录片的出口额就高达 200 万英镑。园区的经济增长促使就业的人数有所增加，整体就业增长迅速。园区中 BBC 和 HTV - WEST 两大公司在创造了 50% 以上的产值的同时也提供了大部分的就业岗位。BBC 在动画片、纪录片和自然历史片这三个部门中的雇员约为 800 人，而 HTV - WEST 虽然仅为一个商业频道，但是产量却与 BBC 相差无几。从生产类型方面来说，3D 动画片是除历史电影制作以外布里斯托尔产业园区的另一大产业支柱，而且园区内也聚集了一批动画创作与制作公司，在制作3D动画方面具有很强的竞争优势。

布里斯托尔创意产业园在发展过程中主要有以下三个特点：一是集群集中度高，以中小型企业为主。该集群企业虽然在创造经济产值和提供就业方面略微欠缺优势，但在提高本地知名度和吸引更多媒体公司入驻方面具有很重要的作用。二是集群行业特色鲜明，产业链单一。该集群企业以电视与数字媒体产业为主体，依托BBC和HTV－WEST两大公司，形成一系列为自然生态类电影制作业提供各类服务的小型企业和创意人员，从而形成了电视与媒体产业集群。三是集群以“群聚效应”为主轴。创意产业的各类行业由于对土地、区位、历史建筑物的依赖程度不同，导致形成的集聚效果也不同，如以软件、电脑游戏、电子出版物为主体的创意产业，主要依赖数字技术，并以高科技为支撑、以互联网为载体，呈现出虚拟集聚的态势，偏重联结、服务及经销的实质功能。

三、英国发展创意产业集群的成功经验

英国是创意产业的起源地，通过以上两种模式的分析，其创意产业集群的发展经验带给我们很多启发。主要表现在以下几点：

（一）依托本地文化资源，建立特色产业园区

英国在规划和建立创意产业园区时十分注重周边地域的文化资源，主要是当地的特色文化，即是否具有独特的创意资源和地域风格等。例如，曼彻斯特北部的创意产业园区的建立就与当地与众不同的音乐历史、独特的音乐氛围，以及享有国际盛誉的流行音乐密切相关；而布里斯托尔的电视与数字媒体产业园区则是以其悠久的电影制作历史为基础建立的。

（二）注重部门协作，发挥社会组织作用

1997年，英国政府成立了创意产业行动小组，以文化大臣为首集合了13个创意产业类的管理部门，使得政府内部协调运作，提高工作效率。同时，英国政府注重创意工业与地方发展的关系，推动地方创意产业与区域经济的协同发展。通过政府的扶持和引导，英国当代艺术中心同协会、社

团、公司等不同层次的社会团体及民间组织合作，互相扶持补贴，形成了民间的分工合作体系，共同促进创意产业集群的发展。

（三）完善投融资体系，构建园区基础平台

英国政府针对创意产业规模小、风险高的特点，设立了多项资助计划，为中小创意企业提供风险融资。英国政府协同金融行业和民间投资者建立并逐步完善创意工业资金支持系统，为创业者提供更多的资金支持。目前，英国主要采用以下两种措施为创意企业或个人提供扶持：一是提供信息支撑，为确保创意产业区的企业和个人获得快速发展的外部条件和便利的工作环境，英国政府提供了信息技术的支撑，并为企业间建立起了网络系统和基础建设平台。二是通过英国艺术、技术及科学基金会为创意人员提供发展资金，伦敦市政府每年都会为创意产业投入 2 亿美元的创业资本基金。

（四）注重基础性艺术教育，广泛培育创意人才

英国政府在培育创意人才方面主要从两点入手：一是提供良好的外部环境，培养公民的创意和创新思维，积极开展由公民参加的创新实践和文化艺术活动。二是加强学校的文化艺术修养教育，英国有上千所学校开设了音乐、美术、舞蹈、戏剧等文化艺术类的专业和课程，并设置了相应的艺术类学分。同时，加强创意人员的专业技能培训，国家或地方政府也在创意产业发展的资金、产权保护方面给予财政资助和政策支持，并积极探索与国外的合作交流机会。

总之，英国的创意产业集群主要是通过政府政策引导形成和发展起来的，是政府主导型创意产业集群。英国的创意产业政策是国际上最为完整的创意产业政策，对促进英国创意产业集群的发展起到了很大的作用。

第二节 美国创意产业集群发展经验

美国凭借着其庞大的消费市场、完善的产业体系、强力的政策支撑以及成功的全球营销战略成为当今世界头号创意产业强国，引领着当今世界经济和文化的发展。文化创意产业对于美国的经济增长以及美国人民的日常生活都发挥着越来越重要的作用。

一、美国创意产业的发展格局

据统计，美国目前有90多万家公司从事文化娱乐创意产业，而且这个数字还在不断地增加，逐渐成为美国经济增长的引擎。在行业分布方面，出版发行业、广告业、文化艺术业、影视业、音乐唱片业、网络传媒服务业及软件开发服务业7个行业是美国最具代表性的行业，并且作为美国创意产业的主要支撑，其高度的市场化和规模化表现出了美国创意产业集聚发展的总体趋势。

在美国的众多行业中，影视业和音像制品所创造的产值最多，并且市场化程度最高，占据着世界霸主地位。其中电影市场的年销售总额就达到了170亿美元，已经在世界150个国家和地区放映，占全球市场总份额的85%，好莱坞影片占了欧洲票房收入的70%，米老鼠和史努比这两个动画产品在全球的收入每年就已经超过了500亿美元。至于唱片发行业，美国现有约1000家唱片发行公司，其中比较具有代表性的是华纳兄弟公司、索尼音乐娱乐公司以及BMG娱乐公司等。2000年，美国音乐唱片市场总值达到了143亿美元，占全球市场总值385亿美元的37%，生产的唱片总量已经占全球音乐唱片消费总量的60%。

美国广播电视与电影唱片业具备的产业区域高度集中特性，是创意产业集群的典型特征。美国的新媒体业、出版业位居世界前列，其中图书、报纸杂志发行总量稳居世界首位。据统计，美国的出版机构约5.7万家，每年出版图书近17.5万种，市场销量为22.96亿册，收入为286亿美元。美国的报纸总数约9000种，每日的发行量近5577万份，年销售额达300亿美元。据统计，美国创意产业的产值占GDP总值比例已超过18%，目前在18%～25%的范围内浮动。截至2010年，美国已拥有1500多家日报和8000余家周报和小报、1.22万种杂志、1965家电台、1440家电视台以及包括美国广播公司、哥伦比亚广播公司和全国广播公司在内的三大电视网。好莱坞作为全球最大的电影生产基地，一直处于世界电影市场的垄断地位。而美国的音像产业出口额已超过了航天工业的出口额。20世纪末，美国传媒产业的集约化、巨型化促使其形成了巨无霸型的产业集团，从而导致创意产业各行业的融合速度加快，创造了前所未有的规模和聚合效益，文化市场竞争的广度和深度大大提高。除此之外，软件也是美国最具影响的行业之一。美国的软件开发商几乎垄断了全球的电脑操作系统与数据库市场，尤其是微软公司，其软件销售量占全球市场的份额巨大。计算机软件是美国创意产业发展的重要支撑力量，一直引领世界潮流，对美国乃至世界的经济发展都产生了重要的影响。

从创意产业区域分布上看，美国创意产业最为发达的地区包括纽约州、加利福尼亚州、佛罗里达州、得克萨斯州、伊利诺伊州以及华盛顿特区。其中凭借雄厚经济实力，成为东西部两大创意产业中心的纽约州和加利福尼亚州，是创意产业集聚度最高的地区。

作为全球的金融和经济贸易中心，纽约也是美国的文化中心。纽约的传媒业、艺术表演业和广告业位居美国各州的首位，其中一直是美国商业性戏剧娱乐代名词的纽约百老汇，更是美国戏剧活动的集聚地。目前，纽约有约2000家的非营利文化艺术机构、500多家艺术展馆、约2300家设计服务商、1100多家广告类公司、近700家图书杂志出版社和145个电影制片工作室和摄影棚。包括美国国家广播公司、在线华纳集团、纽约时报集团等一大批全球著名的大型媒体集团公司的总部都设立在纽约。同时纽约还聚集了美国8.3%的创意产业从业人员，其中包括33%的演员、46%的设计师和7%的画家。

加利福尼亚州创意产业产值位居各州首位，其电影业的影响力和辐射力带动了演艺、娱乐等相关行业的高速发展。加利福尼亚州现在是美国的电影产业中心，拥有全美超过35%的电影产业从业人员，并且其收入超过了全美电影业收入的55%。洛杉矶的好莱坞地区是美国影视业的主要聚集地，并且“好莱坞”如今已经成为美国电影业的代名词。洛杉矶的音乐产业发展迅速，拥有51家独立音乐制作公司，占全美总数的21.7%，是美国拥有音乐制作公司最多的城市，同时它还拥有美国最大的三个音乐公司集聚地。

美国得克萨斯州、伊利诺伊州的出版、演艺、设计、广告、广播、电视的发展水平位居美国各州前列。华盛顿特区也凭借首都优势，在广播电视、传媒娱乐方面发挥着重要影响力。佛罗里达州也因其丰富的旅游资源，创意产业各行业发展迅速，其中娱乐业占据较大比重。

二、美国创意产业集群的发展模式

美国创意产业集群呈现出多元化的发展格局，其发展模式主要是市场推动为主导、政府辅以相关支持、高度产业化的商业运营模式。因其多元化格局，美国创意产业集群形成了以影视业为主的好莱坞模式、以艺术演出产业为主的百老汇模式、以娱乐休闲和主题公园为主的迪士尼模式等。在这些模式范畴下，对区域和产业进行功能定位是美国创意文化集聚发展的前提。

（一）好莱坞模式

好莱坞坐落于美国西部洛杉矶的郊外，建有世界最大规模的电影城，是美国电影产业的标志。经过长期的发展，好莱坞电影已经形成了独特的产业模式[①]。按照市场需求，在电影制作中形成了一些程序相对固定的类型化电影，产生了现代化电影工业和现代商业独特的生产运作方式，反映

① 华正伟．我国创意产业集群与区域经济发展研究［D］．东北师范大学，2012.

了商业化电影的内在需求。好莱坞被称为现代化的“梦工厂”，是创意产业的典型，拥有世界最大规模的电影生产工厂以及先进的制片条件和科技手段，形成了最成功的商业化运作模式及市场营销网络。

好莱坞影视业高科技、大投入、高票房的典型特点，展现了现代创意产业的运作方式和发展趋势，形成了一种独特的产业发展模式。美国几乎所有大型的电影制作发行公司都分布在好莱坞，大多数影片也都是在好莱坞生产和制作的。好莱坞产业化的生产方式和商业化的运作模式，以及完全服从商业化和市场法则的运营理念，促使它形成了完善的电影生产体系和发行机制，这也正是好莱坞成功所在。

好莱坞先进的制片技术和管理体制、华尔街大财团的资助、优越的气候条件、优美的自然风光，吸引了众多大制片商云集于此，并且逐渐成为美国乃至世界最理想的影片拍摄基地，引起了美国电影业向西部转移。好莱坞电影产业集聚的发展使得相关产业单位相继集聚洛杉矶并不断壮大，如电视台、出版社、发行公司等。据统计，好莱坞娱乐制作产业的从业人数达到了 24 万人，年收益可达 300 亿美元。电影业的带动作用，促进了包括音像、电视、印刷、出版、旅游等多个行业的发展，为洛杉矶创造了巨大的经济效益，并且塑造了洛杉矶的城市形象。洛杉矶的著名旅游景点，包括迪士尼乐园、环球影城等，每年都能为洛杉矶带来高达 110 亿美元的收入和超过 2000 万人次的游客。洛杉矶的两支 NBA 俱乐部——湖人和快船，以及世界级的交响乐团和现代艺术博物馆等，都是洛杉矶极负胜名的体育文化设施。

（二）百老汇模式

百老汇模式是美国文化艺术产业中最具代表性、影响最大的一种商业发展模式。百老汇模式是在特定的历史背景下孕育而生的，过去百老汇是指宽广的街道（broad way），但现在人们所提及的百老汇是指美国纽约曼哈顿中城区的一小片特定区域。从 19 世纪 80 年代开始，这片特定的区域就陆续出现了剧院、音乐厅等娱乐场所。之后的几十年里有几十家艺术剧院和超过200家歌舞杂耍场所围绕时代广场和百老汇大街相继建成。就这样，作为美国艺术表演业的代名词，百老汇已逐渐发展成为美国规模最大、成熟度最高的文化艺术产业集群。在纽约有390家剧院、180个音乐演出团体和超过100个舞蹈演出团体，而它们大部分都分布在百老汇一带。这里被美国戏剧行业协会认定为“百老汇剧院群”，成为享誉世界的艺术演出中心。百老汇剧院群主要是由剧院、艺术演出团体、中介经纪公司、咨询公司、行业组织机构等构成。纽约政府大力推动艺术产业的发展，不仅鼓励人们积极投资艺术产业，同时也在资金、税收等政策上给予了大力支持，纽约也因此享有“现代艺术之都”的美誉，拥有完善的艺术设施、浓厚的艺术氛围、丰富多彩的艺术活动，从而吸引了众多来自世界各地的艺术家，使得纽约成为美国最大、最火爆的演出市场。同时百老汇拥有一个多层次、大规模、高水平、能满足不同层次人群文化消费需求的艺术演出团体也是百老汇成功的原因之一①。

百老汇以舞蹈、音乐、戏剧等作为演出形式的主体，并且创作出了《音乐之声》、《美女与野兽》等许多经典的艺术作品。百老汇每年演出的票房收入高达12亿美元，带动了这一地区餐饮、酒吧、宾馆等相关产业的收入达到43亿美元，形成了艺术产业和服务行业相互依赖的发展格局，同时提供就业岗位近4万个，为社会就业做出了巨大的贡献，实现了艺术价值和商业价值的有机统一。同时因为百老汇所形成的品牌效应，吸引了许多中介经纪公司、咨询公司以及相关行业组织机构为百老汇的艺术产业提供各种服务。

（三）迪士尼模式

迪士尼作为美国娱乐业的典型代表，现已成为全球娱乐传媒产业的巨头，旗下产业主要分为影视业、网络与媒体业、主题公园与休闲娱乐业、零售业四大主营业务。迪士尼模式是以美国的传统娱乐为基础开创的，以

① 华正伟．我国创意产业集群与区域经济发展研究［D］．东北师范大学，2012．

动画片、动画玩具和主题公园为主体产业结构的一种发展模式，并且是全球娱乐业发展的典型成功案例。迪士尼模式通过核心文化品牌，不断延伸到出版、音像、服装等相关产业领域，从而形成了一个以迪士尼品牌为核心的庞大的产业集群。

迪士尼模式是美国娱乐传媒产业发展的重要组成部分，对美国文化产业的发展产生了重大的影响。该模式主要体现了以下三个特点：一是迪士尼接近一半的营业收入来自于相关品牌产品；二是根据迪士尼公司“制造并出售快乐”的经营理念，创意产品的设计更注重人性化体验，并以充满温情和创造快乐为设计的核心；三是推行多元化的发展战略，构建完整的产业链。

迪士尼的整体商业模式是“核心产业带动”模式，即以迪士尼玩具为核心的文化产业，凭借该产业较强的产业关联度和产业成长潜力，以及迪士尼所独有的品牌优势，带动迪士尼的相关产业发展，从而达到利益最大化的目的。迪士尼利用文化内涵来挖掘艺术产品的商业价值，通过文化品牌效应推动市场运作，是典型的文化营销、品牌营销。在公司经营方面，迪士尼实行多元化发展战略，迪士尼约40%的利润来自于品牌产品和连锁经营，收入的约20%来自主题公园，30%来自电影电视方面。迪士尼推行“全球迪士尼”的发展战略，构建完整的产业链，通过动漫影视和主题公园来不断拓展自身的经营范围及所涉领域，将市场拓展到海外。

三、美国发展创意产业集群的成功经验

通过上述几种集群模式的分析，可以总结出以下几点美国在创意产业集群发展中的成功经验。

（一）完善成熟的知识产权保护制度

美国的知识产权保护体系十分完善和成熟，目前已经建立了包括《版权法》、《商标法》、《专利法》等在内的一系列法规，从而构成了完善的知识产权保护法律体系。美国将知识产权保护作为国家战略层面，通过完

备的法律体系，加强了国内外知识产权保护，使得美国的创意产业更有市场竞争力。同时，美国的创意产业因开放灵活的制度形成了多元性、开放性的市场体系。

（二）高度产业化的商业运营机制

美国的创意产业集群主要采取以市场为导向的发展模式，以及“无为而治”的管理运行机制。同其他国家相比，美国的创意产业政策更加自由宽松，更能够表现出市场主体的利益和要求。而创意企业的重点也不再是生产制造，而是更加强调价值链的延伸，并提出了“创意 + 技术 + 资本”的经营理念，实现了经典文化与创意活动的完美结合，并依靠提高产业化程度的商业运作模式，开拓国内外市场。

（三）多元化投资机制和多元化跨国经营

美国政府鼓励非创意企业和境外资金投入创意产业，推动多元投资机制和多种经营方式的发展。虽然美国政府直接投入创意产业的资金有限，但国家通过“资金匹配”的方式，利用产业政策引导和经济调节手段，促使地方政府及民间非创意企业等对创意产业投入资金，实现投资主体的多元化。对于创意产业集聚区的建设，除了政府给予的投资外，各种非营利组织、发展基金、地区性开发计划、私营企业、经济开发团体以及社会团体的投入也占了总投资的近一半。多元化跨国经营是通过资本重组形成大型的跨国集团开拓国际市场，从而实现经济利益最大化的发展战略，美国创意产业集群的发展也普遍采用这种战略模式。

（四）注重人力资源储备和科技创新投入

在人力资源储备方面，美国已经构建了完善的人才培养体系，分别从人才的引进和人才的培养入手，为创意产业储备丰富的人力资源。在人才引进方面，美国注重吸纳和引进优秀的人才，并通过强大的优惠政策和良好的工作环境吸引世界各国的优秀人才。在人才培养方面，美国凭借其拥有的高等院校和社会培训机构开办了文化艺术门类的相关专业，培养了大量的专业人才。美国创意产业人才的储备为美国创意产业的竞争优势做出了巨大贡献。据创意经济学家弗罗里达测算，美国目前在创意阶层的劳动力人数高达3850万人，占美国总劳动力的30%左右。充足的人力资源储备为美国创意产业集群的发展奠定了坚实的基础。此外，美国注重科技创新与创意产业的高度融合，并且在影视、动漫、网络等方面的技术一直处于世界领先地位，保证了创意产业一直处于世界前列。

从以上4点可以看出，创意产业集群发展需要政策法律保护体系与市场运营机制相结合，同时注重人才的培养和引进，利用特色文化塑造独特创意产业品牌，打造完整的创意产业链，从而形成创意产业集群①。

第三节　对北京文化创意产业集群化发展的启示

一、加强区域内文化创意产业集群的功能定位

由于文化创意产业较强的产业融合性，创意产业在发展过程中存在着需要整合各种资源的问题。通过分析美、英两国典型的创意产业集群发展模式可以发现，区位、市场、科技、人才等资源优势成为文化创意产业聚集发展的主要驱动因素。在这些因素的作用下，众多企业聚集在一起，共享多种要素，既降低了企业生产成本，也能让具有一定关联性的企业之间开展合作，促使创意产业规模不断扩大，从而产生行业互补和规模效应。产业的集聚发展有利于为企业提供持续创新的发展环境，使得区域产业整体的创新能力得以提升。同时，美、英非常注重完善产业链的建立，集群内具有多层次的产业结构，各产业部门能够相互支撑、互为供给，形成完整的产业链条。在此基础上以文化为核心，依托优势产业，发展相关产业集群和衍生产品产业。

---

① 华正伟．我国创意产业集群与区域经济发展研究［D］．东北师范大学，2012.

北京文化创意产业虽然建设和认定了几十家文化创意产业园区和集聚区，但在产业功能集聚方面，各类文化创意产业园区和聚集区的特色还不明显。在加强功能聚合的前提下，需要对特色文化创意产业集群进行培育，为文化创意产业的发展培育出一批优势突出、具有鲜明特色的文化创意产业功能集聚区域，并打造出完整的文化创意产业链，使得文化创意产业集群发展和产业规模效应得以充分释放①。

二、重视政策法规对文化创意产业发展的作用

虽然文化创意产业的发展是以市场作用为基础的，但是政府政策的扶持和引导作用也不容忽视。美国是与自由市场相适应的市场主导型发展模式，在确定了本国文化创意产业的主导产业之后，政府出台相关产业政策和推进措施，大力推动、扶持和发展主导产业，公共服务平台的完善和政策法规的支持为文化创意产业提供了发展的外部条件，推动了文化创意产业的发展。英国政府对“创意”的定义是具有原创性的技术和发明，能通过开发知识产权获得经济效益②。“文化创意产业”的概念是在英国政府 1998 年出台的《英国创意产业路径文件》中提出的，英国政府通过该文件提出了积极推动产业发展的各项政策，包括组织管理、人才培养、资金支持等方面，并且对研发、制作、经销、出口等方面提供了系统性扶持。

从美、英文化创意产业集聚发展的经验可以看出，北京在规划建设文化创意产业功能区方面也需要政府一定程度的政策引导和扶持，包括制定功能区发展规划、成立专门的机构对功能区发展实施调控及提供信息咨询服务、通过法律等手段明晰产权等；在产业整体布局、投融资、税收、进出口、人才培训等方面制定具有针对性的产业政策及产业发展的战略规划，为文化创意产业实现持续、快速、协调、健康发展提供便利的外在条件。

---

① 中国文化产业发展前景及对策分析_ 晓军视点［EB/OL］. http：//blog. sina. com. cn/s/blog_ 7fb66df501010q3n. html.

② 王涛. 英国：“创意”推动文化产业发展［N］. 经济日报，2011 - 11 - 17.

三、注重文化创意产业发展的本土化，打造优势品牌

从美国、英国的创意产业集群发展中可以看出，完善的文化创意产业发展机制对产业集群发展有重要的意义。从策划到制作，从生产到宣传，一套完整的市场运作体系能够更好地把握住市场动态，并通过合理的调节来适应市场需求。此外，英美两国也十分注重文化创意产业的本土化发展，在国家文化创意产品市场中，具有自主知识产权的文化创意产品占据着重要的地位，百老汇、迪士尼、“哈利·波特”系列文化产品的国际影响力说明了这一问题。

由于受到经济、科技、环境、人才等条件的制约，北京文化创意产业的竞争力还相对较弱。根据英美两国的经验可知，北京应该在发展文化创意产业的过程中重点打造具有本土特色的文化创意产品，创造出具有自主知识产权的产品和品牌。

四、建立创意产业人才培养体系，保持创意产业持久活力

在发展文化创意产业的过程中，美、英都采取各种措施建立起符合本国实际国情的创意产业人才培养体系，从而为创意产业集群的持久繁荣提供根本保障。就美国来说，在培养高层次创意人才时，注重个人全面发展和自我实现，个性培养占重要位置；在专业设置上，美国依托高校和社会培训机构开办了文化艺术门类相关专业，是世界上文化艺术教育体系比较完整的国家。英国2008年专门发布以创意人才为主题的“新经济下创意英国的新人才”战略发展报告，提出要激发每个人的创意才能，强调从儿童教育抓起，尽早发现个人的创意才能，并分别对青少年、成人创意才能的培养和创意人才的就业等提供诸多帮助和有效通道。

五、多元化的投融资机制是创意产业集群发展壮大的保障

英国按照创意产业市场规律制定和健全相关政策法规，建立各种发展

基金，搭建创意产业化平台，以及效率高、信息灵的投融资政策机制。美国政府对于文化产业的支持主要表现在其对于非营利性的艺术领域的支持，主要采用的是多元的混合资助方式，这种资助方式除了政府直接对公益性的文化领域提供支持外，还积极引导配套的社会资金及产业资金。

北京已经建立了文化创意产业发展专项基金，主要用于支持本市重点创意产业园区公共技术平台的建设和经认定的重点创意产业的发展，采取贷款贴息、补贴和奖励等多种方式予以资助，但其整体规模偏小，商业银行信贷资金对文化创意产业的扶持作用还有待开发。通过借鉴国外文化创意产业发展经验，北京文化创意产业发展应充分发挥政府资金的引导作用，利用社会投资、银行贷款筹资、民间资本投资、上市融资等多种途径，实现投资主体的多元化，在政策层面不断完善投资金融体制。

六、“官、产、学、研”共同营造创意产业园区

英国知名创意产业园区中的企业和当地的大学和科研机构、行业协会及政府等形成网络，共同支撑产业的发展，形成了多层次产业、组织间共生互补而各自发展的局面。

当前，北京已经建立了一些创意产业园区和集聚区，在一定程度上促进了创意产业的发展。但是由于园区开发的主体单一，没有能够有效地利用和整合各种社会和经济资源。所以北京规划建设文化创意产业功能区，促进创意产业集聚，在一定程度上可以借鉴英国的经验，以政府为主导，将各高等院校与产业界联合在一起，通过发挥各自在资金、技术和人才等诸方面的优势，实现各种资源的整合和集成，共同建立文化创意产业功能区。

七、交流和互动有效促进创意产业的发展

创意产业作为一个特殊的产业部门，思想的碰撞、信息的交流、经验的共享等尤为重要。为此，英国注重部门协作，发挥社会组织作用，无论

是制定创意产业政策、投资选择还是人才培养，都离不开各类社会组织提供的服务。英国各类社会组织从各个角度、各个层面分析创意产业的发展状况，为政府、企业和个人提供专业的数据、咨询或培训服务。

北京文化创意产业的相关部门以及有关行业协会等，也可以通过组织论坛、研讨、讲座、培训、考察等多种形式的信息和知识传播活动，为各个功能区和广大创意企业创造一个不断学习和进取的社会氛围，促进从业者观念创新、知识创新，提高消化吸收先进技术、学习运用先进企业管理及市场营销方法和经验的能力。同时，通过交流和互动，有效促成创意产业企业和行业间的合作，促进创意产业跨行业的发展。

第七章 日韩创意产业集群发展经验借鉴

近年来，亚洲许多国家和地区都将发展创意产业列为国家重点战略，其中日本、韩国的创意产业经过不断的发展，如今已经取得了举世瞩目的成就，创意产业逐渐成为亚洲新的经济增长点，为推动亚洲经济发展做出了巨大贡献。

第一节 日本创意产业集群的发展经验

在亚洲国家中，日本的创意产业发展较为迅速。“二战”后，随着部分传统支柱性产业的萎缩和衰退，日本的经济也陷入低谷。为尽快走出经济低谷，日本政府决定将“文化立国”提升到国家战略层面并积极实施，全面调整产业结构，促使日本的主导产业迅速从工业型向创新型转变，创意产业逐渐成为日本经济的支柱，也是日本经济再次实现高速增长的关键因素。

一、日本创意产业的发展格局

狭窄的国土和紧张的资源促使日本经济的发展呈现高度集聚的状态，创意产业的空间布局也是如此，主要集中在东京、大阪、横滨、京都和名古屋等几个城市及周边地区。凭借发达的经济、丰富的文化资源以及众多高校和科研机构，这些城市创意产业的聚集程度越来越高。作为日本古老的大城市，京都拥有悠久的历史和众多的历史文化遗产，绘画、雕刻、建筑、园艺以及民俗艺术等文物遗产方面的数量稳居日本各大城市榜首，西镇丝绸、漆器、陶瓷、酿酒等传统手工业在国际上享有盛誉。丰富且独具特色的文化遗产和民间工艺为京都的创意产业发展奠定了坚实的基础。大阪是日本第二大城市，也是一座国际化大都市。与京都一样，大阪拥有悠久的历史文化和数量众多的文化遗产，大阪市中心围绕梅田、通天阁和巴顿崛聚集了众多剧院、影院以及其他文化娱乐场所，而大阪的创意产业主要涉及艺术表演、创意设计、出版印刷、休闲娱乐以及主题公园等产业领域。东京聚集了日本近一半的艺术家，拥有大学114所，占全国大学总数的17%，同时许多大型企业的研发部门甚至将总部都设在东京。东京集中了全国80%的出版社，电视节目的制作总量占全国总量的80%以上。此外，东京还拥有全日本数量最多的专业音乐团体和戏剧公司。东京创意产业的增长速度是其他所有产业增速的两倍，就业数量占日本创意产业就业总数的16%，体现了创意产业在东京的集聚效应。

二、东京动漫产业集群的发展成就

日本的媒体产业是由漫画、动画以及游戏三大产业构成的，日本制作的动画片占据了全球播映总量的近60%，游戏占世界市场份额的三分之一，这使得日本成为世界上最大的动漫制作和输出国。东京因集中了日本83%的动漫企业被称为“动漫之都”，在全球范围内，日本的创意产业规模仅次于美国。

（一）东京动漫产业集群的空间布局

东京拥有359家动漫企业，占日本动漫制作公司总量的83%以上。在东京，动漫产业主要涉及影视、出版、旅游、广告、教育、文具、服饰、网络游戏等行业领域，日本东映动画、虫制作以及东京电影等动漫制作公司和游戏制造商都集中在JR中央线、西武新宿线及西武池袋线等铁路沿线，并逐渐发展成为世界上典型的动漫产业集群基地，其中有近40%的制作公司集中在东京的练马区和杉并区两个行政区。练马区是日本现代动漫的摇篮，东映动漫就是在练马区成立的，并且现在已经集中了77家动漫企业；杉并区也已集中了大约70家动漫企业，空间集聚特征十分显著。许多中小型动漫制作公司聚集在武藏野、秋叶原两个地区，其中由东京产业文化创作研究所经营的秋叶原动漫产业基地现已成为东京顶尖的科技、媒体和新艺术的试验场和研发基地，成为产、学、研、售一体化的典型动漫产业集群。动漫产业集群中的生产商多为东京主要的动漫生产企业，其他的则是动漫产业链条上的承包商。承包商大多集中在生产企业附近，主要分布在港区、涉谷区、中央区等商务中心区。与此同时，也有大量的出版商、文化机构、商务机构集中在这些地区，促进了承包商与这些机构企业的信息交流，对承包商把握市场需求十分有利。

（二）东京动漫产业集群的特点

动漫产业体系完整，动漫企业集中度较高。东京动漫产业主要以影视、出版、广告、音像、玩具、服装、广告、旅游以及游戏等众多行业领域为主体，形成了庞大的动漫产业网络，并通过动漫衍生品的不断开发，坚持以电视动画为主题、动漫形象为核心，建造一个规模效益巨大并逐渐完善的动漫产业链，从而形成一个区域集聚的组织网络。动漫产业链作为最典型的盈利主导模式，通过动漫产品版权转让的形式进入了各个产业领域，并以此带动其他相关产业的发展。为了规避产业风险，动漫产业链在运行机制方面实行了产销分离的模式，其主要流程包括：制作社（或自由创作人）制作动画片—代理商销售—影视系统播放—企业购买动画产品形象并开发衍生产品—商家销售产品。这种运行模式促进了动漫企业及上下游企业自觉集聚。

企业规模小型化，地域国际化。东京的动漫企业大部分都是中小规模企业，约359家动漫企业中有60%以上的企业员工人数在30人以下，50%以上的企业年产值在500亿日元以下。东京的动漫产业在国际动漫市场上占据主导地位，其中动漫公司、电视台、出版社以及电影公司都积极拓展国际市场，扩大在海外市场的知名度。同时，东京凭借着独特的创作环境和生活条件，吸引了众多国内外漫画家、动漫制作者以及动漫形象设计师等动漫产业从业人员，丰富的动漫人才和开放的国际市场为东京动漫产业的持续发展奠定了坚实的基础。

“官产学研”紧密结合，新媒体技术支撑作用明显。日本政府及东京政府将动漫产业作为一种独立的文化来大力培育，实施了多项产业政策，加大扶持力度。因此，东京的动漫产业模式通过政府政策的引导和法律保障，得到了人力资源、财力资源和组织机构等各方面的支持，形成了“官产学研”的发展模式。东京的各高校为动漫产业提供人才方面的支持，研发机构则负责为企业提供技术支撑和市场信息咨询等，而政府与研究机构的合作项目为动漫企业提供了更多机遇，促进了创意产业的发展，并以此为基础，凭借新媒体技术的支持，加快创意产品升级、转型，开拓新的服务市场，寻得新的经济增长点。

三、东京动漫产业集群的成功经验

东京作为日本创意产业集群的密集区，其动漫产业集群发展的经验在很大程度上代表了日本创意产业集群发展情况，其中动漫产业的产业政策、资金筹集、运行模式、市场营销等都给我们带来很多启示。

（一）“官产学研”相互结合的发展模式

东京动漫产业以政府为主导，以文化发展战略为推动力顺次推进，积极打造动漫产业集群。1995 年日本政府确立了“文化立国”的发展战略；2001 年又制定了“知识产权立国”的发展战略，提出了 10 年内把日本建成世界第一知识产权国的目标；2003 年提出“观光立国”战略，东京政府发布了《东京观光产业振兴计划》，该计划确立了动漫产业在地方产业和观光资源方面的重要地位。2004 年日本国会通过了涉及电影、戏剧、小说、音乐、漫画、游戏等多个产业领域的综合性振兴法案——《关于促进创造、保护及应用文化产业的法律案》。

政府除了制定各类国家战略以及颁布法案支持动漫产业发展外，还制定了许多扶持政策，如财政补贴、税收优惠等，同时为企业提供各种信息来引导和协助它们发展，并不断完善基础设施，增加对创意企业的投入资金，为创意产业提供了良好的外界条件和成长空间。教育界对动漫产业的支持力度也在不断加大，各高等院校为动漫产业提供了大量的专业人才以及研发技术等。动漫工作者协会、动画协会以及经团联等中介机构作为政府职能的延伸，不仅参与了动漫产业的管理运作，还为动漫产业提供了信息咨询、科研服务、国际交流与合作、资源发掘等方面的服务，对动漫产业的发展起到了重要的推动作用。随着政府和民间团体之间的协调能力不断提升，动漫企业在市场中的主体地位得到了更加可靠的保障，同时也从政府和研究机构的合作项目中获得了更多机遇和经济利益。

（二）建立起一个成熟完善的动漫市场营销体系

东京动漫产业采用了创作与销售一体化的营销模式，依托销售人员、中介机构、产品制作公司之间的完美合作，形成灵活高效的市场化营销体系。为保障动漫市场的繁荣和稳定，动漫企业注重广告代理、版权中介和海外市场开拓等业务的开展和进行。此外，通过对动漫衍生品的不断开发，动漫产业链也得到了不断完善。例如，一部连环漫画经过后期开发能够产生许多衍生产品，像动画影片、电视连续剧、DVD 节目以及网络游戏和专题玩具等，都能够为动漫产业带来巨大的经济利益。

（三）形成多元化投资主体

日本政府为了加快动漫产业的发展速度，不仅在政策和资金方面提供大力支持，而且鼓励建立多元化的投资机制，鼓励非文化企业和境外资金加大对创意产业的投资。由政府和民间共同出资设立的“振兴艺术文化基金”是这种投资机制的典型代表，该基金成立的目的主要是为了支援各类艺术文化活动，其中政府资助了 500 亿日元，民间赞助了 112 亿日元。日本的产业融资主张官民合作，以民为主，因而创意产业在发展过程中的主要融资来源是日本的民间企业，而且所占比例逐年增加。创意产业在发展过程中所举办的各类大型活动也多依赖于民间企业的投资、赞助，也正是因为民间企业在资金方面的大力支持，使得创意产业在日本不断发展壮大。

（四）积极拓展海外市场

日本的动漫产品输出量一直居于世界首位，这主要得益于日本海外市场的不断拓展。在20世纪50—60年代，漫画出口为日本动漫产业打开了国际市场，出口的主要产品包括漫画杂志和漫画图书，出口地区则主要集中在欧美以及中国港澳台地区。随着日本动漫产业的不断成熟，出口产品转变为以动画为主的动漫画产品，出口国家也超过了7个，动漫片开始广泛影响全球市场。目前，日本出口的动漫作品占据了全球市场的六成以上，在欧洲市场则达到了八成以上，而出口到美国的动画片及其衍生品的贸易额比钢铁贸易额高出几倍之多。日本动漫产业拥有广阔的海外市场主要得益于两方面的力量：一是日本民间的“内容产品海外流通促进组织”，该组织的任务就是促进创意产品的出口，开展海外市场的反盗版活动，参与负责海外市场的相关诉讼事项；二是为动漫公司提供服务的中介公司，这些中介公司利用大型展销会、动漫产品国际交流平台和产品专卖店等形式，为动漫产品进入海外市场提供更多的机会。

第二节　韩国创意产业集群的发展经验

韩国曾经凭借着快速增长的经济而与新加坡、中国台湾、中国香港并称为“亚洲四小龙”。1997年亚洲金融风暴迫使韩国政府实施经济转型，并提出了“设计韩国”的发展战略，把创意产业的发展列入政府的发展规划中。“资源有限，创意无限”作为韩国经济发展的新理念，引领了韩国经济的振兴发展，并促使创意产业成为韩国经济新的核心产业。

一、韩国创意产业的发展格局

在社会和区域经济的发展过程中，韩国实施了非均衡的区域增长极战略。创意产业作为韩国三大重点产业之一，依托技术密集、人口稠密以及交通便利的首尔、仁川、釜山、大邱、大田和光州六大中心城市，沿着以首尔—大田—全州—光州为轴线的西南沿海地区和以大邱—蔚山—釜山—济州为中心的东南地区这两大轴线方向发展。京仁地区是创意产业集中程度最高、最发达的地区；东南部的釜山与蔚山的增长极作用最为明显，庆尚北道则凭借其拥有的电子工业中心——大邱，经济发展备受瞩目；南部的济州岛作为韩国重要的休闲旅游娱乐区，经济实力也逐步提高。

韩国创意产业的各发达城市，都拥有其独具特色的创意产业园区。韩国的《创意产业振兴基本法》中规定：创意产业园区是产、学、研联姻，对创意产业进行研究开发、技术训练、信息交流、生产制作的集合体，并以优化资源组合、发展集约经营、形成规模优势、提升创意产业的整体实力为目的，计划建设10多个现代创意产业园区、10个传统文化产业园区及2个综合创意产业园区。目前，韩国已在首尔、富川、釜山、大邱、济州、青州、大田、庆州、全州、春川、光州、水原等城市建设了十几个创意产业园区（见表7-1），其中韩国近几年全力打造的创意产业集群主要包括首尔数字媒体城、富川影视文化园区、坡州出版文化信息产业园区、韩国民俗村以及春川动画基地，产生了巨大的规模效应。如坡州出版文化信息产业园区（简称坡州出版城）现已入驻268家相关企业，包括出版社、装订公司、印刷公司、出版流通中心、著作权中介公司、设计公司等，吸纳了2860名工作人员，创造了约7151.13亿韩元的生产总值，其中出版、印刷生产值占总值比例高达90%，共6460.65亿韩元。而园区对坡州市总生产的诱发效果带来了16737亿韩元的产值和16000余个就业岗位，推动了区域经济的发展。

表7－1　韩国创意产业集群空间分布情况

城市	产业构成	城市	产业构成
首尔	影视、动漫、游戏、出版、设计、休闲娱乐	富川	出版、影视、漫画、游戏业
釜山	电影、游戏业	大邱	在线游戏、移动内容
济州	影像、数字内容、旅游	青州	游戏、教育娱乐
大田	尖端影像、多媒体业	庆州	VR基础产业
全州	数码影像、音响业	春川	动画、教育娱乐
光州	设计工艺、卡通形象业	水原	出版、电子软件服务

资料来源：杜冰：韩国文化产业发展现状［J］. 国际资料信息，2005－10.

以数字内容产业为核心的首尔创意产业在“设计首尔”的发展战略引领下，已经成为首尔经济的支柱产业，占据了主导地位，其中设计产业的年增长率已经超过了19.2%。首尔的创意产业主要分布在江南、麻浦、九老和东大门的四个区域。三清洞文化街区拥有400余家美术馆、约300家画廊、70余家博物馆和上千家小型的创意书屋、咖啡屋、传统茶屋等，凭借众多的文化艺术场所吸引了大量的新晋艺术家、设计师和文化创意人士聚集于此，成为一个具有巨大商业潜力的创意产业聚集区。韩国Heyri艺术村则聚集了作家、画家、音乐家、电影制作人、建筑师等专业人士近380名，并由他们参与建造了由工作室、画廊、美术馆、博物馆、公演场所构成的文化艺术园区。此外，东大门的设计援助集群、首尔数字媒体城、爱宝乐园都是在“设计首尔”战略发展下的产业标志。

二、韩国数字媒体城的发展成就

韩国数字媒体城（DMC）坐落于首尔西部门户上岩地区，而这个地区原先是一个巨型的垃圾填埋场，但如今已经是一个总面积达57万平方米的数字媒体娱乐中心，因此它也是被韩国人称为把梦想变为现实的典型代表。韩国主要的媒体公司和尖端信息技术企业以及多家世界一流的研究机构都聚集在了DMC，同时DMC还集中了韩国媒体广播、电影、动画制作、游戏、音乐、IT 服务业等以信息技术为基础的行业领域，入驻了 1000 多家企业，并且根据企业的性质和功能分为核心和非核心两大类八个区域。DMC 凭借着优秀的综合服务能力、人才培养能力以及物流管理能力，现已成为一个将产学研完美结合的媒体数字园区。

DMC 是由首尔政府开发推广的，并由开发公司进行土地开发和基础设施建设，是韩国创意产业的重要基地之一，形成了创意产业集群典型的开发、转让运行模式。该媒体城以建设成为世界第一个数字媒体技术研发中心、世界数字媒体内容制作基地、媒体研究和业务中心、世界各高校间的合作重地、亚洲东北部最好的商业港湾作为发展目标。以 IT 产业为主导，以数字媒体和游戏动漫为辅助，DMC 现已在全球范围扩张，推动了首尔创意产业的迅速发展。

DMC 区位优势显著：（1）拥有便利的交通。DMC 距首尔市中心商业区仅 7 公里路程，距金铺国际机场仅 10 分钟车程。（2）拥有完备的基础设施。首尔拥有韩国最完备的文化基础设施和通讯网络。依托 IT 信息技术的支持，使用超高速互联网的家庭占首尔家庭总数的比例居世界各大城市之首。（3）拥有成熟的区域环境。DMC 周边围绕着众多完善的博物馆、图书馆、剧场、美术馆等文化场所，以及包括世界杯体育场、公共高尔夫球场在内的商务、体育休闲场所。（4）拥有丰富的人力资源。首尔有 160 所数字媒体类院校，其中被列入世界一流大学的就有 15 所，创意产业相关专业的毕业生每年都有 5000 多人。此外，创意产业教育机构每年培育大量的专业人员。（5）具有创意产业集群的产业基础。20 世纪 90 年代，近万家中小规模的数字媒体类创新型企业聚集在首尔市区及首尔周边地区，为现在创意产业集群发展提供了良好的基础以及大量技术成熟的从业人员。（6）投资优惠政策。政府为入驻企业提供了政策支持，例如依据投资额的大小给予土地价格优惠，以及利率和税收方面的优惠政策。集群式发展模式使得 DMC 与其他国家的媒体行业相比有明显的竞争优势，而且政府的支持、完备的激励机制以及外资的大量投入，加快了创意产业发展速度。

三、韩国创意产业集群的成功经验

数字媒体城发展模式是韩国创意产业集群发展典型案例，其成功经验主要可以归纳为以下几个方面：

（一）凸显政府的主导作用

韩国的创意产业主要实行以政府为主导的发展模式，在产业园的整体发展思路、产业引导、市场保护、对外贸易和投资等方面政府发挥重大作用。政府是创意产业园的领导者以及产业结构的设计者，自 1998 年开始，政府相继出台了《国民政府的新文化政策》、《创意产业发展五年计划》、《创意产业发展推进计划》、《21 世纪创意产业的设想》、《电影产业振兴综合计划》等纲领性文件以及《著作权法》、《电影振兴法》、《创新企业培育特别法》、《创意产业促进法》等法律法规，并将创意产业列入优先发展的国家战略性支柱产业。此外，政府运用财政、信贷、税收等经济杠杆为创意产业集群化发展创造外在条件，如信贷优惠；设立各种专项基金为创意产业技术开发项目提供开发补助；扶持中小型风险企业进行技术开发等。这些措施都是通过数字信息技术升级来带动产业结构优化，从而使知识密集型创意产业逐渐发展成为韩国 21 世纪的主导产业。

（二）强化专门机构的协调管理作用

韩国主要由文化观光部来负责创意产业的规划和管理，该部门设立了文化政策局、创意产业局、艺术局以及多个创意产业振兴机构，而这些职能部门的业务涉及创意产业的各个领域。随着政府对创意产业的发展越来越重视，韩国政府又增加设立了两个组织机构，分别为创意产业支援中心和创意产业振兴院，主要从政策、资金、信息、技术、人力、销售等方面为创意产业发展提供所需条件，同时着力推动包括音乐、动漫在内的重点产业的发展。除此之外，文化观光部还联合其他部门共同建立产业中心或行业协会，通过协调合作的管理机制，促进创意产业在各行业领域的均衡发展。

（三）实施集约化产业经营机制

韩国的创意产业以“集约化生产，做大做强企业集团”作为产业总体经营战略，从而达到资源整合、突出优势、形成规模效应、提高综合实力的目的。由于韩国十分重视“产、官、学、研”之间的协同合作，创意产业园内普遍实行研发、制作、培训、营销一体化的发展模式。这种模式能够充分发挥产业间的带动作用，即一种产品的成功可以为与他相关的其他产业带来高附加值，创造出更高的收益，之后创意产业得到的投入就会增加，再反过来推动了文化产业的发展，这就是创意产业链经过优化后带来的连锁效应。动漫领域形成的包括立项、开发、制作、包装、市场推广在内的完整的产业链就是一个典型代表，涉及动画、漫画、音乐、影视、文具、游戏、出版、服装、玩具等众多行业领域。以 1999 年设计的“流氓兔”为例，在短短几年间，“流氓兔”就从最开始的漫画形象转变成了风靡全球的卡通电视、玩具、服饰等领域的主角，成为一个 10 亿美元的大产业。与“流氓兔”一样，很多动漫人物都被改编成为动画、游戏、电影中的主角，展现了动漫产业“一源多用”的经营模式。

（四）建立多方投融资机制

韩国政府对创意产业资金方面的支持主要体现在两个方面，分别是财政的直接投入和投资平台的建立。韩国政府加大了财政对创意产业的投资扶持力度，并且通过设立专项资金对创意产业的重点项目及领域进行重点支持。此外，还通过信贷优惠、税收减免、财政补贴等政策手段扶持中小型创意企业发展。与此同时，政府还通过立法的形式积极与民间企业机构合作，搭建文化金融平台，鼓励民间资金对创意产业的投入，建立官民合作的“投资组合”，实施多元化的投融资机制，帮助创意产业吸纳更多的民间资金。在韩国政府的积极推动下，出现了许多像网络融资、证券市场融资等新的融资方式，促进了创意产业的发展。

（五）坚持海外市场扩展战略

由于韩国创意产业的国内发展受到地域面积、人口数量的限制，因而为了做大做强创意产业，坚持外向型的发展方向，积极拓展海外市场是韩国创意产业发展的必经之路。韩国所有创意产品的设计和制作都是针对国外市场，而且中国、日本及东南亚地区的市场为迈向国际市场的第一阶段开发重点。此外，生产领域也加强了国际合作，为产品加入了国际性含量，并通过开展、参加国际性的展销活动和文化会议，积极拓展海外市场，推动创意产品“走出去”。近年来，韩国文化产品的出口量连续增加，从2005年到2009年5年时间里，出口量年增长率达到了18.9%，电视剧和网络、手机游戏的出口规模位居前三，并处于世界领先地位，而风靡全球的韩国影视剧充分体现了韩国人在“讲故事”方面的创意，打造了“韩流”神话。

第三节　对北京文化创意产业集群化发展的启示

日本、韩国的典型创意产业集群发展模式有许多相似之处，日韩两国都是在较短时间内就发展成为世界文化创意产业强国，其最主要的原因是两国都实行了以政府为主导的文化创意产业发展模式。政府主导型发展模式的核心特点是政府通过运用宏观经济计划和产业政策扶持创意产业发展，同时由市场机制发挥配置文化资源的基础作用。日韩两国政府在创意产业发展过程中的作用对北京具有很强的借鉴作用。

一、制定卓有成效的产业调控政策

日韩两国政府通过宏观经济计划和产业政策扶持在文化创意产业发展过程中起到了主导作用，从而形成了两国均实行的政府主导型发展模式。作为控制创意产业有序发展的重要手段，产业政策在日韩两国创意产业发展过程中起到了很大的作用。在日本，产业政策是由政府推行干预产业的，以促进产业发展为目的，以产业和企业为对象的政策总称。日本的文化产业政策是以产业作为扶持对象，而不以某一公司作为重点扶持对象。

日本政府推出产业政策主要有两个目的：一是营造竞争环境；二是使企业达到规模效益，同时以在国际竞争中取胜为最终发展目标。此外，健全法律法规也是日本政府为促进产业发展而采用的有效措施。1970 年日本政府颁布了《著作权法》，经过 20 多次的修改，该法律于 2001 年更名为《著作权管理法》并启动实施。最近几年，日本政府根据文化产业的发展形势又制定《IT 基本法》、《知识产权基本法》、《文化艺术振兴基本法》等多部新的法律法规。在推出操作性较强的法律法规的同时，政府还制定了与之配套的具体实施措施。近年来，韩国政府为了适应数字化信息时代文化产业发展的需要，在落实实施《文化产业振兴基本法》的同时，也陆续对《影像振兴基本法》、《著作权法》、《电影振兴法》、《演出法》、《广播法》、《唱片录像带暨游戏制品法》等法律法规做了全面或部分的修订，其中删除或修改的内容占比高达 70%①。

二、依托优势资源，集中力量发展主导产业

作为世界上最大的动漫制作和出口国，日本的动漫产品占全球播放总量的六成以上，动漫产业为日本外汇收入做出了巨大贡献，现已成为日本的第三大支柱产业。设计已被多个国家认同为国力发展的“强劲引擎”，韩国更提出了“设计兴国”的目标。韩国政府在推动“设计兴国”上做了三次重要的工业设计振兴计划，其中，2003—2007 年的 5 年计划的核心是国际化，目的是把设计概念融入韩国各个系统和体制当中，使韩国设计走上国际化之路。在这段时期，较为突出的三星、LG 等大企业的成功经验，让韩国许多中小企业逐渐意识到设计的重要性。如今，韩国设计已经走向高端化、多样化之路，活跃在数码、游戏、汽车、影像和机器人等世界产业的中心领域。北京作为经济、文化中心，正在走向国际化创新城市之路，在我国乃至国际上都具有一定的资源优势，创意产业门类较为丰富，但重点和主导产业还不甚明确，借助规划建设北京文化创意产业功能区的

① 张养志．发达国家文化创意产业发展模式研究［J］．国外社会科学，2009（5）．

契机，需要重点突出和确定主导产业，集中力量扶持主导产业的发展。

三、政府协助开拓国际市场

除了政策、人才、资金等条件之外，市场规模的扩大是推动文化创意产业快速发展的重要因素之一。海外市场可以为创意企业提供更多的发展机遇，因此日韩政府积极推动创意产品走向世界，并通过各种渠道宣传推介本国的创意产品，以达到扩大国际市场份额的目的。其中，日本政府制定了一系列与创意产品相关的出口保障、贷款支持、税收优惠等政策，并取得了很好的成效。韩国则以中国、日本及东南亚地区的消费群体为突破点，进军国际市场，同时加强了生产领域的国际合作。并通过举办或参加国际性的展销活动和文化会议，拓展创意产品的海外市场。

根据日韩两国的经验，北京应当重视文化产品进出口贸易，用好天竺文化保税区这个首都经济与世界经济对接的重要平台，推出并完善优惠政策，开展或参加海内外组织的各项创意活动，积极鼓励并引导创意企业及产品走向世界。

四、积极扶持中小创意企业

创意产业的主体多为中小规模企业，因此日韩两国推出了支持中小创意企业发展的政策和措施，从资金支持、税收减免以及技术、人才、市场开拓等方面积极扶持，建立完善的信用担保体系、官民合作的投融资平台、银行贷款方面的优惠政策、出口风险保障制度等，这些政策和措施都是北京在规划建设文化创意产业功能区以及扶持中小创意企业成长时的有力借鉴。

五、充分利用和发挥非政府组织作用

从日韩两国的经验中可以看出，非政府组织可以在创意产业发展过程中起到连接政府和企业的桥梁作用，减少政府直接与企业交流的时间，可以促使政府利用更多精力来制定政策和法规①。政府向非政府组织购买服务，将企业审核、认定、监督、指导、人才培训以及行业统计交给非政府组织负责，并由政府对其进行资格认定和监督管理。

目前在北京文化创意产业发展过程中也出现了一些非政府组织的中介机构，但在能力、环境等因素的限制下，对产业发展进行跟踪和监督的作用有限。下一步在规划建设文化创意产业功能区的过程中，可以考虑鼓励建设一批非政府组织，为文化创意产业的发展提供灵活多样的管理机制。

① 刘平．英国、日本、韩国创意产业发展举措与启示［J］．社会科学，2009（7）．

第八章
中国香港和台湾地区创意产业集群发展经验借鉴

香港和台湾地区的创意产业发展较为成熟，发展经验对大陆地区的创意产业发展具有十分重要的借鉴意义。

第一节　香港地区创意产业集群的发展经验

由于香港创意产业深受英国的影响，所以创意产业的含义与英国的定义是一样的，即“源自个人创意、技巧及才华，通过知识产权的开发和运用，具有创造财富及就业潜力的行业”。香港大学文化政策研究中心根据20世纪90年代英国对创意产业的界定和分类，同时依据香港的发展情况，将香港的创意产业分为三大类和11个行业。第一类是文化艺术类，主要包括艺术品行业、古董与手工艺品行业、音乐业、表演艺术业。第二类是电子媒体类，包括数码娱乐业、电影与视像业、软件与电子计算行业、电视与电台行业。第三类是设计类，包括广告业、建筑业以及出版与印刷业。从广义的角度来看，香港的创意产业也包括博彩、会展、健身美容、新兴美食、文化旅游等行业领域。

一、香港创意产业的发展格局

香港地区分为香港岛、九龙、离岛和新界四个部分，划分了18个行政区域。香港的创意产业根据区域地理位置和历史背景的差异，各自形成了集聚区。例如IT行业、动画、广告业多聚集在港岛的中西部，超过2/3的设计公司设立在湾仔、西区和中环等地区；印刷、影视行业则主要集中在东部，广告、出版和媒体类公司大多设立在铜锣湾、北角以及侧鱼涌；会展、影视业等主要分布在铜锣湾、荃湾区以及尖沙角等地；体育、博彩等娱乐场所和机构则主要聚集在新界沙田；闻名世界的迪士尼乐园、海洋公园等休闲娱乐场所则分别设立在离岛大屿山和南区黄竹坑谷地；港岛南区贝沙湾聚集了政府规划建设的数码港，汇聚了微软、雅虎、惠普等上百家科技资讯公司以及大量的专业人才，且距离中环CBD仅15分钟车程，是亚太区内资讯科技的枢纽。

香港中环CBD位于香港岛中部的核心区域，是港岛开埠后最早开发的地区。CBD现已成为世界著名的中央商务区，北邻维多利亚港，地理位置优越，有健全的基础设施和便利的交通环境。目前，该区域已聚集了大量的保险、银行、投资等金融机构，广告、数字媒体等创意行业领域，以及地产、信息等各式服务机构。香港中环是香港的商业中心区和金融贸易中心，商业活动和金融贸易频繁程度可与“华尔街”相媲美。同时，作为文化活动中心，中环也经常举办艺术表演、艺术品交易、休闲娱乐以及创意设计等活动，创意产业也充满活力。香港的著名古董街荷里活道、国际著名的娱乐场所兰桂坊以及香港人自己的艺术乐园——SOHO区等集聚区均体现了香港创意产业在香港经济发展中的主体优势，现已成为推动香港经济发展的重要力量。

二、香港创意产业集群的发展模式

香港的创意产业发展存在着土地有限、房租高昂等制约因素，因而香港创意中心为探索一种适合当地创意产业的发展模式应运而生。“这里集聚了不同种类的艺术创意人才和创意团体，融教育、营运、展示等功能于一体，只不过建筑形态上不是水平的，而是直立的创意产业基地”。香港创意产业集群发展模式主要有两种，即旗舰式模式和地缘式模式。旗舰式模式存在如科技园、数码港、艺术中心以及赛马会创意中心等集聚形式；而地缘式模式则有西九龙文娱艺术区、文化旅游区以及荷里活道古董街等形式。香港的创意产业集群发展模式具有典型的示范效应，对正在发展中的创意产业地区有很强的借鉴作用。

（一）旗舰式模式

香港艺术中心共16层，每层面积约为600平方米，整栋楼共约1万平方米，其中包括两个楼层的展厅、三个楼层的剧场以及两个楼层的放映院，约有一半的面积用来出租。艺术中心的收入来源主要为租金收入、筹款、票房以及艺术课程等。目前租金收入占总收入约80%，筹款收入约15%，余下5%收入则是票房和艺术课程等。香港艺术中心是专门负责发展艺术的专营机构，并且自运营以来没有接受过政府的资助，是香港唯一一家自负盈亏的非营利艺术场地和机构。艺术中心现有24家文化艺术团体和商店，并且与艺术中心不仅是业主与租客的关系，还互为伙伴，共同合作，推动文化艺术发展，突出表现文化创意产业的“共事关系”。不同范畴和性质的文化艺术机构和团体之间的互相协作是创意产业独特之处，由于艺术中心汇集了教育、运营和展示于一身，所以这也是香港艺术中心的特点之一。由于香港创意艺术中心的租金较低而且优惠政策较多，因而吸引了众多创意工作者。中心约120个不同规格的工作室收到了522份承租申请，超额认购近5倍。租户们所从事的创意工作及艺术活动涉及多个领域，包括绘画、电影、摄影、民间艺术、雕塑、陶艺、媒体、设计等，因此租户之间相互交流更有利于启发相互之间的创意灵感。

坐落于港岛南区钢线湾一带的数码港占地面积24公顷，是一个以资讯科技为主题，并集写字楼、酒店、住宅、零售以及娱乐设施于一体的综合发展区域，被称为香港的咨询科技旗舰。数码港的基本建筑设施主要包括一栋五星级酒店、四座甲级智慧型写字楼、零售和娱乐中心以及密度较高的住宅区。数码港是由香港特别行政区政府全资拥有，整个项目共耗资金158亿港元。数码港的主要功能是为软件公司、咨询服务公司、多媒体制作公司以及IT专业人士提供发展所必要的先进且完善的咨询科技环境；为广大市民提供了解信息产业的文教设施，以及富有启发性的教室和娱乐场所；此外，还为大学生提供了大量实习机会，为培养资讯科技方面专业人才做出巨大贡献。目前，美国通用电器资讯服务公司、惠普香港公司、微软香港公司以及思科系统等众多IT、电子、资讯科技公司已入驻数码港，入驻率现已超过80%，并且由香港大学与5家企业（机构）合作设立的数码港学院是数码创意培训的大本营，提供了大量的培训机会。

（二）地缘式模式

位于西九龙填海区最南端的西九龙文娱艺术区地理位置较好，面向维多利亚港，正对着中环上环，是从广东道延伸至西区的海底隧道入口一带，面积约为40公顷。香港特别行政区行政长官董建华于1998年在《施政报告》中宣布了实施发展西九龙文娱艺术区这一大型计划，旨在建立庞大的艺术馆群和文化地标，从而提升香港在亚洲文化艺术领域的中心地位。该项计划是要在西九龙填海区南端的这40公顷土地上设立一个将文化艺术、大众娱乐以及潮流消费集于一体的综合文化娱乐场所，建立起包括剧院综合大楼、博物馆群、演艺场馆、展览中心及广场等在内的各项核心设施，目前M+视觉文化博物馆、戏曲中心、附设户外剧场的自由空间、当代表演中心、演艺剧场、中型剧场、音乐剧院、设有音乐厅及演奏厅的音乐中心、大型表演场地以及展览中心都已建设完成，包括创意教育设施、驻区艺团中心等辅助设施也在建设中。该项计划的积极实施是为了能够将西九龙文娱艺术区建设成为世界级的综合娱乐区，拥有独特的地标设计和完善的文化艺术设施，能够聚集众多文化创意企业、创意人才以及吸引更多来港游客，从而为创意产业的发展带来更多的经济收益。

三、香港创意产业集群的发展经验

香港创意产业的发展具有很强的示范效应，是国际上发展最为成熟的案例之一，并且香港创意产业集群的发展不仅带动了当地经济的增长，也为正在发展创意产业的其他国家或地区提供了宝贵的经验。

（一）多元文化的融合和宽松自由的环境

香港社会的开放程度和自由度较高，包容性极强，利于创意人员之间思维的互相碰撞以及大胆的尝试和创新，适于培养和提高创意人员的创新能力。由于独特的历史背景以及地理条件，香港现已发展成为一个多元文化汇集的国际大都市，形成了东西文化并存的特殊环境。多元化的文化背景、国际化的生活环境以及艺术气息浓厚的工作氛围，对创意人员的创作灵感以及创作题材的获得特别有利，使得创意、科技、商业得到充分的结合。

（二）完善的法制体系和市场运作机制，有效地保护知识产权和企业的公平竞争环境

香港拥有全球最自由的经济体系，香港企业交易自由、经营自主、享受免关税的优惠政策，并且对于外资的投入亦没有限制条件。正因为拥有这样高度自由的体系，创意产业的准入门槛也相应降低，在企业的运营方面有较强的灵活性。此外，香港的法律体系也较为完善，尤其是在保护知识产权和创意原创方面，力求保证个人的创造力价值得到充分的实现，也为创意企业提供公平的竞争环境。

（三）完备的融资投资体系

发达的商业文化和充裕的资金使得香港拥有一个完备的投融资体系，也为创意产业的发展提供了良好的投资环境。作为世界的金融中心和会展中心，香港拥有渠道广阔的资金来源，以及成熟的自由贸易市场，因而香港的对外投资环境较亚洲其他经济体更有优势。

（四）创意人才培养与引进机制

创意人才是创意产业发展的智力支撑。为集聚更多的高端人才，香港特别行政区政府推出了人才培养战略和人才引进政策，使得创意工作人员能够在熟悉本土运营策略的同时，也能具备国际化的视野高度。因此，香港在吸引创意人才方面具有极强的竞争力，创意产业人才数量的每年增速都高于其他产业。

（五）政府的主导性和行业组织的引导性相结合

在宏观环境中，香港特别行政区政府主要通过政策支持和法律保障为创意企业提供公平竞争的市场环境，并通过重大项目的规划实施来为产业发展指引方向。此外，政府还为创意企业提供完善的公共文化基础设施及相关服务，保障产业发展效率。而在管理运营体制方面，则由行业组织会同公共团体进行组织协调。在创意产业的发展过程中，行业组织充当多种角色，引导各行业领域的发展方向，协调行业之间的关系，对产业发展做出了很大的贡献。

第二节　台湾地区创意产业集群的发展经验

整合地区资源，强化文化和科技结合，促成区域创意产业集聚，带动岛内经济全面发展是台湾经济决策的指导思想。台湾在 2002 年颁布了《挑战 2008：台湾重点发展计划》，将“创意台湾”作为未来发展的目标，并首次将创意产业列入台湾经济发展的重点规划项目，力求促进文化与经济的融合，创造台湾经济的新增长点。

一、台湾地区创意产业的发展格局

台湾地区创意产业主要分布在台北、台中、台南、高雄、新北、基隆、嘉义、新竹、花莲等地区，其中台北市集中了超过 60% 的创意企业，创造的产值达到了70%以上。近年来，台湾开始强调产业结构朝着知识密集型产业方向进行转换，并以集约化发展作为主要途径。台湾创意产业集群发展的两种途径分别为建立创意文化园区和科技文化园区。在规划建设创意产业园区时已从空间布局方面充分考虑了各区域之间的均衡发展问题，因此，在台北、台中及台南三个区域均设立了创意文化园区及科技文化园区。

“行政院文化建设委员会”为推动文化创意产业发展提出了设置创意产业园区的规划，并相继在台北、台中、嘉义、花莲及台南建立了华山创意文化园区、台中建筑设计与艺术展演园区、台南创意产业区、嘉义创意文化园区及花莲创意文化园区五大创意园区。这些园区很好地发挥了示范效应和信息交流平台作用。由于园区大多位于城市的核心地带，拥有不同的文化资源、地理优势以及都市功能，因此园区的定位也都各不相同。其中台北和台中的创意文化园区被定位为都市型创意文化园区；嘉义、花莲和台南的创意文化园区则被定位为城乡型创意文化园区。都市型园区定位的设置主要考虑了交通等配套设施的便利条件，并以营造文化消费环境为主要目的。园区内的基础设施建设则以营造创意制作氛围及相关服务为主，建设的基本方向则包括创意工坊、展示交易中心、创意技术资源中心、展演场地、创意产业工作者联谊俱乐部等。城乡型的创意园区则主要结合了创作型和消费型的园区特征，依托某一特定产业，并根据地域特征，打造一个兼具创作与文化消费的创意空间，同时强调体验、培植和商业综合发展。园区的建设内容主要包括了展演设施、体验工坊、展售空间、茶馆、戏院、历史资料馆等。上下游企业在园区内建立了密切的联系，形成了产业分工与跨领域整合的基本架构，构建了庞大的创意产业群落。从而创造出了文化发展的新环境，为园内企业提供了更多的机遇以及国际创意文化交流平台，达到提升产业附加值的目的。

科技文化园是台湾为调整产业结构而提出的战略决策。台湾于20世纪70年代在北部地区建立了首个以引导高科技产业发展为目标的产业集聚区——新竹科技园。进入90年代后，以解决产业面临的种种经济危机等问题为目的，台湾在南部建设了南部科技园区。南部科技园区除了要带动科技产业的发展外，还肩负着促进区域转型与区域平衡的重要使命。

位于台北市以南70公里西海岸的新竹科技园区已发展成为集中了台湾IC设计业及通讯企业的重要集聚地，也是国际化的高科技产业集群。目前，园区入驻企业370家，营业总额达8578亿元新台币，园内信息产业的产值位居全球第四名，IC设计业则居于世界第二位，具有很大的影响力，也因此被业界称为“台湾硅谷”。而南部科技园区是台湾面积最大的科学园区，横跨了台南、高雄多个县市。南部科技园区还下设了多个特定产业的专属园区，并以积极构建设计产业和绿能产业作为园区的发展方向，实现产业聚集的低碳化。目前，园区内的IC设计产业及绿色能源产业的集聚已初步形成。截至2009年底，南部科技园区已拥有119家登记注册的厂商、156家有效核准厂商、259家核准厂商，实现了4610.47亿元新台币的产值，凸显了产业集聚所带来的经济效益。

二、台湾地区创意产业集群的发展成就

2003年，“行政院文建会”为推动文化创意产业发展计划的实施，相继建立了台北、台中、嘉义、花莲及台南五大创意园区，且这5个园区均设立在废弃或闲置的酒厂厂房，是台湾当局大力扶持的文化创意产业园区。因此，台湾当局在规划的时候就明确了各个园区的发展定位：台北华山园区主打流行时尚品牌，属于艺术活动范畴；台中园区则以艺术展演、设计及建筑为核心，属于设计型的创意活动范畴；花莲园区属于文化艺术与观光结合的试验区；嘉义园区则以传统艺术创新为核心；台南则多为传统工艺和创意生活类创意产品，是创意生活产业的核心基地。由于这些园区的特色明显，自成体系，因而规模化效益显著。

（一）台北华山创意文化园区

华山创意文化园区设立于台北市忠孝东路、八德路、金山北路及市民大道之间的区域内，占地面积7.21公顷，是一个处于发展中的文化创意产

业胜地。园区所在区域原是1916年创立的台北酒厂的厂区，后因城市发展、地价上涨以及水污染严重等问题被迫迁出市区。1997年，一些艺术家认为台北酒厂的废纸厂区非常适合发展成为一个艺术创作空间，因此逐渐集聚建立了现在的华山创意文化园区。为了提升台湾的设计能力以及人们的生活美学，并为艺术家们提供一个学习交流的工作环境，以及便于推广、营销创意产品的空间，“文建会”自2002年起开始对闲置的酒厂厂区进行空间再利用，建立起了包括公园绿地、创意作品展示中心以及工作坊在内的创意文化园区，并逐渐成为推动台湾文化创意产业发展的旗舰园区。华山创意文化园区在“行政院文建会”的管辖范围内，并由台湾文创发展股份有限公司负责经营管理。园区内的车库工坊、果酒礼堂、果酒仓库、高塔区、拱厅、四连栋、乌梅酒厂、米酒、红酒、再制酒作业场、维修工厂等建筑均保存完整，外部空间还设有千层野台、草原剧场、森林剧场、华山剧场、烟囱广场、艺术大街等文化创意活动场所。园区内主要由室内展览区和室外表演区构成。园区北边的休闲区是举办文艺表演活动和展示活动的场地，且区内功能多样，包括展览、表演、餐饮、娱乐等。此外，园内的各项设施可以提供给文化创意人员及附近居民使用，各个场馆也可用来租借举办各类文创活动，其中四连栋建筑与艺术大街、华山剧场便经常被用来举办展览活动。

（二）台中创意文化园区

位于台中市南区的台中创意文化园区，占地6.188公顷，且东西南北分别以复兴路、信义路、民意街、合作街相邻，是一个封闭的空间。同时，作为典型的商住混合区模式，台中创意文化园区是一个集商业、艺术文化以及信息平台等多功能为一体的文化创意产业园区。台中酒厂建于1916年，因历史变迁等原因于1998年7月21日迁址至台中工业区。酒厂厂区闲置，部分厂房被用作储存库，其他部分则一直荒废，无人管理。2002年，“行政院”为实施创意产业发展计划，为了实现商业与文化艺术的融合，扩大创意产业产值，提升人们生活的文化质感，基于酒厂厂区推动建立了台中创意文化园区。由于工业建筑群的特色反映了一定的历史价值和文化内涵，同时为便于日后整修完善，针对建筑的历史背景、产业史、文化深度等因素进行深入研究。并在累计修缮的过程中不断注入文化创意产业的活力因素，从而形成了21世纪文化产业发展的基本模式。

（三）台南文化创意产业园区

台南文化创意产业园区坐落于台湾的最南端，占地面积为1.59公顷，所占区域原是建于1901年的台湾烟酒公卖局的旧办公厅建筑。尽管占地面积较小，但其拥有丰厚的历史文化资产和城市文明，是最具潜力的文化创意产业发展区域。凭借着丰富的文化资源、古迹建筑、饮食文化以及独特的生活氛围，颇具规模的工艺产业、视觉艺术产业和设计时尚产业，台南文化创意产业园区被“文建会”定位为创意文化生活产业的象征性核心基地，打造台南创意生活媒体中心，搭建了文化生活与产业环境整合发展的创新平台。依托旧酒厂厂区所在地的地理条件、历史背景以及人文素养、创意资源，园区从三个方面入手打造文化创意中心，分别为生活创意、食玩及游乐创意以及技艺创意。此外，园区还提供了展示、培育、推广、销售等多样功能，以多媒体的方式表现创意生活，推动科技与创意的融合，提升国际地位和创意人才水准，从而达到促进台湾文化创意产业发展的最终目的。

三、台湾创意文化园区的发展经验

（一）注重政策引导，实施多元化管理机制

台湾当局颁布的“挑战2008：台湾发展重点计划”中确定了科技与文化发展的双主轴位置，选出了若干创意产业列入未来优先发展计划中，同时还选定了相关部门重点推动“产业文化化，文化产业化”。该计划表现出了台湾创意产业以科技和文化为中心的发展方向，并通过文化资源整合来调整产业结构和确立重点发展产业，同时实施新的运营机制及组织机构

重组。其发展的主体方案是由“文建会”推动工艺产业计划、电影及流行音乐产业计划，“经济部”推动数字内容，“新闻局”推动电视内容与设计产业计划组成的六大旗舰计划。此外，还设立了文化创意产业发展指导委员会，负责研究文化产业发展方向、目标和策略，以及咨询其他相关产业的发展事项。在运行机制方面，台湾地区文化创意产业实施多元化的管理方式，政府部门可通过在园区内设立管理中心等机构的形式进行直接管理，或者由企业通过市场化运作管理，也可以采取政府和民间共同委托的管理模式。

（二）实施差异化发展战略，推动创意产业集群化或集团化发展

台湾地区文化创意产业园区的空间布局是从综合因素的角度进行统筹考量的，既考虑到了区域之间的均衡发展，也考虑到了创意产业的错位发展，主要基于三个位势因素进行衡量，分别为资源位势、技术位势及市场位势。位势的高低意味着高端市场的发育程度及市场普及和大众化的程度。较高的位势意味着拥有发育较为成熟的高端市场和较低的市场普及和大众化程度。因此，针对不同的园区区位和产业发展定位实施差异化发展战略。台湾的创意产业集聚主要分布在台北、台中及台南地区，而东西部则相对较少。但台湾的创意产业集群具有数量多、分布广泛、产业运作的集团化趋势明显的特点，例如城邦文化出版集团作为台湾最大的出版集团，占台湾地区图书市场比例达35%以及消费杂志市场40%的份额。

（三）城市改造与新经济密切结合，实施可持续发展战略

目前，台湾的文化创意园区均建在了旧时期的工厂区，并且所处地段是市中心的精华地段。台湾旧时期的工厂由于都市发展、厂区发展受限以及工业污水等环境问题无法解决等原因被迫迁址。但是，这些厂区遗址保留了它在历史上的特殊价值和意义，特别是那些保存完整的日治时期制酒产业的建筑群，展现了产业建筑技术的发展过程。因此，台湾文化创意园区一般具有四个功能：一是大型的都市休闲功能，为大型文化活动提供开放空间；二是学术文化功能，满足学研资源及媒体艺术等的相关需求；三

是商业运作功能，凭借居民较强的购买力和便利的交通，为产业的商业运作提供发展的必要条件；四是文化创意活动所需空间，根据园区所处区域的文化优势，打造区域独特的商业文化①。

通过实施文化创意园区的发展计划，台湾当局为废弃的工业设施与厂方带来了新的活力，改变了工业时期的“地点性”的空间特质，使之成为文化活动与产业生产相融合的文化创意园区。与传统产业集群模式不同，这种集群发展模式为文化创意产业搭建了新的信息交流平台、娱乐休闲平台以及创意展示平台，并为台湾的创意产业提供了迅速发展的必要条件。

第三节 对北京文化创意产业集群化发展的启示

香港和台湾地区是我国文化创意产业发展的先驱城市，在依托历史文化、挖掘区域特色、运用市场机制、引进培养创意人才、整合社会资源等方面，两地文化创意产业都结出了丰硕的成果，值得北京借鉴。

一、立足本地实情，因地制宜，科学规划

从香港和台湾的经验看，创意产业集群并不是一种可以遍地开花的产业组织形式，它的建设不能跟风追热，盲目发展。北京在选择功能区类型时，应注重考虑对本地自然资源、人力资源、文化资源等方面的比较优势的挖掘，培养本地化、特色化的创意产业功能区。北京在指导功能区发展时，应着意加强产业链的构建和延伸，积极打造完整的产业链条，努力形成具有自身优势的产业链形态的产业集聚规划和经营格局。

① 华正伟．我国创意产业集群与区域经济发展研究［D］．东北师范大学，2012.

二、培植城市创意氛围，吸引创意主体集聚

创意产业集聚的诸多要素中，人才是不可或缺的元素，创意集群依赖于创意人员，而这些人才往往将创意环境作为选择城市的重要标准。作为我国创意氛围和环境最为宽松的香港和台湾来说，优秀的人才、宽容的氛围、先进的技术、多元的文化、完善的设施、舒适的生活环境是吸引创意人才和企业在这里聚集的重要因素。对于北京来说，在投入资金加强城市人文环境建设，保留和传承城市传统文化和历史记忆的同时，也要注重积极营造宽松、有序、多样化的社会文化氛围，鼓励创新，尊重创意，宽容失败，承认多样性，允许多种文化共存，为创意主体集聚提供条件。

三、重视知识产权保护，建立公平竞争的法制环境

从港台地区的经验中我们可以发现，保护知识产权对发展创意产业集群至关重要，因为只有加强对知识产权的保护以及防止原创型创意不被复制，才能充分实现个人创造力的价值。在保护知识产权方面，尽管北京文化创意产业发展迅速，但是对文化创意产品知识产权的重视程度远不及香港和台湾。就现在知识产权所处环境而言，文化创意产业的知识产权保护需求很大，特别是数字信息类的文化创意产品及服务，这类产品的可复制性高且复制成本低，因而对产权保护的要求就会更高。北京在发展文化创意产业和建设文化创意产业功能区时可以与港台地区合作，形成知识产权保护的共同环境，加强创意产业知识产权的保护力度，提供有利于创意产业健康发展的法律保障。

四、建立自由的市场机制，努力开拓国际市场

香港创意企业的经营自主性、贸易自由性、免关税政策以及对外投融资无限制等均能体现出香港自由市场体制的优势。作为亚洲唯一低风

险地区，香港现已成为亚洲美元和欧元的实时结算中心，以及最大的人民币境外流通中心。香港是独立的关税区，因而可以在 WTO 框架下以“中国香港”的名义进行商贸活动。凭借着健全的自由市场体制，香港创意企业具备很强的适应能力和灵活性，可以根据国际政治、经济的变化趋势快速调整和转变经济结构。北京近几年在加快文化体制改革，培育文化市场主体方面进行了较多探索，但是独立、有效的文化创意产业管理监督体制尚未完全建立，北京文化体制改革还相对滞后于文化创意产业的发展，市场配置资源的决定性作用没有得到充分发挥。下阶段，北京要发挥市场机制作用，推动特色产业功能区建设，推进文化科技资源的市场化和产业化。在规划建设文化创意产业功能区的时候，政府应该以市场机制为导向，并将企业自身的意愿和需求纳入考虑范围内，采用市场化的模式，引进文化创意产业的龙头企业以及国际知名企业入驻，充分发挥其示范作用，带动其他中小企业入驻园区，制定功能区整体的发展规划和战略，形成完整的产业发展链条[①]。此外，确定北京文化创意产业的优势主导产业，以此为重点目标市场，积极拓展外向型文化创意产业，加强国内和国际的文化交流合作，使北京文化创意产业发展呈现出新的面貌。

五、重视国际化经营和国际性人才引进

香港对于人才的引进一直持有自由开放的态度，各类人才可以依据自身能力以及行业需要申请工作签证或以其他身份到香港发展或定居。因此，香港汇聚了众多来自世界各地的文化创意产业各领域的专业人才。由于这些人才来自不同的国家和地区，拥有不同的文化背景，互相之间才会碰撞出更多的火花，为香港企业的创新能力带来了更多的活力。与此同时，台湾创意产业的迅速发展也离不开对人才的重视以及在人才培养和产业孵化方面的模式创新。当前，北京文化创意产业方面的人才数量相对产

① 赵弘，梁晨光．北京文化创意产业发展的今天与明天［J］．北京观察，2008（2）．

业需要还远远不够，因此北京应该加强对文化创意人才的培养和引进，鼓励并支持高等院校、研究机构以及创意企业搭建国际交流平台，对文化创意产业所需的研发设计、营销管理以及经纪等方面人才进行重点培养。此外，还要鼓励企业与各大院校联合，建立集产学研于一体的文化创意人才培训基地①。除了加强人才培养外，还要鼓励创意企业引进海外高层次的管理、创意以及营销方面的人才，拓宽人才引进绿色通道。

① 陈洁民，尹秀艳．北京文化创意产业发展现状分析［J］．北京城市学院学报，2009（4）．

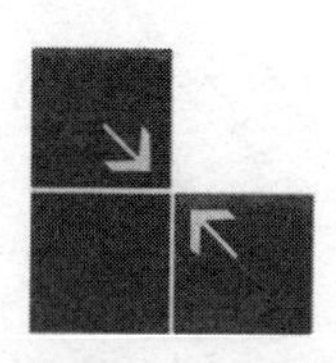

第四部分

对策篇

第九章
加强北京文化创意产业功能区发展的顶层设计

文化创意产业集聚区是文化创意产业发展初期的亮点，北京从2006年开始分四批认定了30家市级文化创意产业集聚区，对文化创意产业的集聚发展起到了积极的示范推动作用。文化创意产业功能区作为新时期的创新发展战略，是推动文化创意产业集聚区转型升级的解决方案。北京文化创意产业功能区的发展应做好顶层设计，规划建设文化创意产业功能区要覆盖全市主要的文化创意产业集聚区，整合功能相近的其他片区，着力推动产业链、供应链、服务链建设，大力培育壮大产业集群，形成集群化发展、可持续发展的北京文化创意产业发展新局面。

第一节　把握发展文化创意产业功能区的现实需求

“十八大”报告和“十八届三中”全会提出建设社会主义文化强国，提升文化软实力，首都北京作为全国的文化中心必须率先垂范，增强城市文化的整体实力和竞争力。2011年北京市委十届十次全会通过的《中共北京市委关于发挥文化中心作用 加快建设中国特色社会主义先进文化之都的意见》明确指出，要科学规划产业布局，加强对区域文化发展的统筹，引导区县实现差异化、特色化发展。目前北京文化创意产业空间布局缺乏统筹协调，同质化发展严重，集聚区及其相互之间缺乏良好的产业协作和关联互动。促进文化创意产业集聚区实现功能整合，不仅是首都文化大发展、大繁荣的必然要求，也是文化创意产业集聚发展的客观需要。

一、整合首都文化资源、提升城市软实力的需要

促进文化创意产业集聚区功能整合是高效集约利用首都多元文化资源的现实需求。北京市文化资源具有多元化特点，多元化体现在文化资源类型多样、文化主体多元、文化业态多种等方面。长期以来，北京以海纳百川的胸怀，在3000多年建城史和850多年建都史中，孕育了丰富多彩的文化。既有享誉世界的传统文化，又有改革开放后发展起来的现代文化，既有历史瑰宝，又有时尚文化，多彩文化交相辉映，生机盎然。北京文化创意产业的主体既有央属、市属的知名文化事业单位，又有大型的文化企业和充满活力的中小微文化企业。这些文化企业和单位活跃在软件网络及计算机服务、文化艺术、新闻出版、广播电影电视、广告会展、艺术品交易等不同行业，新兴的文化业态众多。文化资源的多元性需要政府充分发挥管理职能，根据文化资源的类型和内在联系，引导企业进行合理开发和利用。

促进文化创意产业集聚区功能整合是提升城市软实力的现实需求。文化已经成为城市发展战略的主轴，经济、社会、技术和教育战略与文化的关联越来越密切，21世纪的成功城市将是文化城市，文化大发展、大繁荣可以大大提升城市的综合实力。首先，通过文化创意产业集聚区功能整合可以形成首都多元文化衍生和发展的空间载体，成为城市文化发展的辐射源。有学者认为未来城市的发展将以创意空间为经济、文化、社会、政治与空间发展的基本单元①。欧洲的一项研究表明，在未来竞争中，知识与信息是地方经济可持续发展的关键，只有那些学会了如何战胜文化挑战的

---

① 马仁峰．城市观嬗变与创意城市空间构建——核心内容与研究框架［J］．城市规划学刊，2010（6）：109－118.

城市才能得到最佳的发展（ICISS，1999）①。文化创意产业空间载体的形成有助于提升城市的文化实力。其次，文化创意产业集聚区功能整合有利于打破行业分割和地域分割，集中力量打造若干文化平台和文化航母，促进城市软实力的提升。通过文化创意产业集聚区整合可以更好地利用资源和要素优势，通过重大项目建设，依托大型企业，构建文化服务平台，并通过培育文化创意产业集群，完善产业链、供应链和服务链，打造城市文化平台和文化航母。例如中关村示范区和CBD—定福庄的文化创意产业基础好，可以通过战略重组与兼并、加大投融资支持力度，积极做大做强一批大型龙头企业。再次，文化创意产业以其特有的服务功能和产业结构整合方式提升和激活了作为城市竞争力本质的综合服务功能活力。此外，文化产业具有不可轻视的社会整合功能，在缓和阶层分化、促进社会就业和培训等方面的功能越来越受到关注②。

二、开展文化政策先行先试的需要

中关村国家自主创新示范区的发展实践表明，北京经济社会发展进入城乡产业结构转型和空间结构优化的关键期，单一领域的产业政策和措施已经难以产生良好的实施效果，需要通过依托产业功能区开展一揽子先行先试的政策革新，才能产生良好的发展效果。文化创意产业集聚发展也面临相似的状况，需要通过文化创意产业集聚区功能整合形成具有明确产业功能的空间载体，并以之作为文化产业发展和文化管理体制机制创新的综合平台，提高相关产业政策的实施效果。

目前文化创意产业政策存在难以落实的实际问题，究其原因，一方面是由于现有政策体系不完善，有些政策缺乏实际可操作性或者缺乏具体的实施措施；另一方面，随着文化及其产业化政策的不断出台，单一政策的

① 汪明峰. 文化产业政策与城市发展：欧洲的经验与启示［J］. 城市发展研究，2001，8（4）：11－16.

② 朱河図. 中国出版业转型及其城市区域空间格局演变的研究［D］. 华东师范大学，2006：5－6.

实施效果不断受到挤压，难以解决文化创意产业发展实践中存在的体制机制和历史积淀的复杂问题，需要紧紧围绕现阶段文化创意产业发展的现实需求，构建具有一定空间和产业规模，可以承载一揽子先行先试政策的功能区域，因地制宜，根据不同文化行业的特点而制定和实施配套政策，在优化创新市场机制、强化文化创意产业产学研合作、培养创意人才、构建中介服务网络和公共服务体系等方面开展先行先试，结合管理体制创新、服务机制优化、文化环境培育等激励企业的内生发展动力，从而更好地促进首都文化创意产业在新体制、新机制、新模式下健康和快速发展。

三、文化创意产业优化提升的需要

促进产业优化提升是文化创意产业集聚发展的重要目标，通过功能整合有利于强化文化创意产业集聚区的集成和支撑作用，更好地集成各类生产主体和生产要素，为文化创意产业发展提供更好的支持环境和支撑服务。将来可以在个性化的政策支持下，通过重点项目建设、大型龙头企业、优势产业集群培育和发展环境完善等，转变粗放发展的传统模式，不断提高全产业劳动生产率和投入产出比，提高高端文化产业比重，培育更多具有发展潜能的新兴文化业态。同时，通过文化创意产业集聚区功能整合还可以在全市和区县层面进行统筹，以便更好地协调各区县的文化资源利用和利益诉求，做到统筹兼顾，消除各区县之间的低端同质恶性竞争，促进文化创意产业的规模化、集约化和专业发展水平。

从行业发展来看，一方面，依托现有文化创意产业集聚区功能整合，提升三大传统优势行业（文化艺术、新闻出版、广播电影电视）和三大高成长性行业（软件网络及计算机服务、广告会展、艺术品交易），促进相关文化行业做大做强。例如，对于文化艺术行业而言，通过整合东城、西城的文化创意产业集聚区以及周边资源，充分利用皇城文化、老北京平民文化和天坛—天桥传统演艺文化，提升传统文化发展潜能；通过整合 798 文艺区、751 先锋文化、大山子时尚创意文化等推进现代文化产业化；通过整合朝阳区的北京 CBD 国际传媒产业和周边相关的社会传媒和广告资源，构建CBD—定福庄国际传媒产业走廊，依托中央电视台、北京电视台等国有大型企业与机构，延伸产业链，完善供应链和服务链，优化价值链，做大做强传媒产业集群，迅速提升新媒体产业的影响力。另一方面，文化创意产业集聚区功能整合可以将具有产业关联的不同集聚区连接起来，通过文化创新、技术创新、商业模式创新等手段，积极引导文化与科技、旅游、商业等其他产业融合发展，培育多种新兴文化业态，提升首都文化产业的辐射影响力。

从空间布局优化来看，文化创意产业集聚区功能整合可以更好地解决现有的文化创意产业空间发展问题。在中宏观层面上，全市文化创意产业的分布与关键要素分布具有相对一致性，但从文化创意产业从业人员总数、营业收入总额、利润总额和应交税金占全市的比重来看，城市功能拓展区分布最为集中，占全市的比重分别为73.5%、70.6%、76.2%、76.9%，均在70%以上，城市发展新区与生态涵养发展区所占比重较小，其中生态涵养发展区各项指标占全市的比重均在2%以下。通过文化创意产业集聚区功能整合，可以推动不同区域的文化创意产业向更高的阶段演进。

四、统筹区域文化发展的需要

文化创意产业集聚区功能整合是统筹区域发展、平衡区域文化发展的内在需求。与首都城市发展历史和文化资源的空间分布密切相关，北京文化创意产业的空间分布具有十分明显的区域差异。根据北京历史和现代文化资源结构，北京文化创意产业的空间布局是中轴线文化和两翼文化：中轴线是以历史、文化、旅游为特色的北京历史文化区；中轴南端是以动漫游戏、影视、网络出版原创为基础的国家新媒体产业基地；中轴北端是以奥运、体育文化为重点的奥运体育文化区；左翼是中关村科技教育创新中心和石景山数字娱乐体验中心；右翼是以大山子为中心的现代艺术区和国际传媒贸易中心①。文化产业的发展与首都文化资源分布密切相关，中心城区主要以传统文化产业为主，如依托皇家文化、历史文化发展起来的旅游、文化展示和表演等；城市功能拓展区与发展新区以当代时尚文化和新兴文化产业为特色，如中关村的科技创新文化、新媒体、数字娱乐、时尚设计等相关产业；远郊主要发展农业休闲、生态旅游产业等。与首都城市发展水平的空间差异性和文化资源的空间复杂性相对应，北京市文化创意产业发展客观上需要充分利用各级政府的宏观调控职能，在不同的城市功能区、各区县之间统筹文化创意产业的发展，以期达到既能充分利用不同区域的文化资源，又能够适当均衡不同区域文化发展的规模和水平，满足不同区域人们的文化需求。

文化创意产业集聚区功能整合将依托现有文化创意产业集聚区，基于不同区域的优势和特色文化资源，发挥不同区域的相关产业协作优势，从而更好地凸显区域的文化创意产业特色和优势，促进区域错位发展。

五、提升文化创意产业集聚区主导功能的需要

提升文化创意产业集聚区的主导产业、凸显其产业特色，是新形势下增强首都城市文化整体实力和竞争力的重要途径。首都文化建设正在步入推动文化大发展、大繁荣的新阶段，文化创意产业发展正在从企业集中向产业集群演变，从产业空间集中向产业功能整合演变，从企业发展优势向产业链优势演变。

经过多年的发展，除少数文化创意产业集聚区外，全市大多数集聚区仍处在主导产业不清晰、产业特色不鲜明、尚未形成居于主导地位的产业集群的初期发展阶段，主导行业缺乏龙头企业和一定数量的创新型企业，难以承载某种文化产业功能，因此主导功能整合和提升是文化创意产业集聚区实践问题的核心。文化创意产业集聚区功能整合可以依托现有的集聚区，整合周边资源和产业，通过完善资源配置和优势产业集群培育，不断

① 2009年北京研究综述［J］. 北京社会科学，2010-02-15.

提升集聚区的主导功能，有助于一些发展势头较好的文化创意产业集聚区提升自身的品牌效应，增强其在全国乃至在世界的影响力。

第二节　明确文化创意产业功能区的战略定位

战略定位决定着北京市文化创意产业功能区发展的基本方向，可以为文化创意产业功能区规划建设提供理论指导。北京市文化创意产业功能区规划建设具有重要意义，是未来北京市政府开展文化创意产业指导的实践依据。

由于文化创意产业不同于一般的产业，具有经济和文化双重属性，文化创意产业功能区因此具有自身的特殊性。下面由中微观到宏观，从文化创意产业发展、经济增长、文化建设、创新平台和城市品牌构建等方面，对北京市文化创意产业功能区发展定位进行阐述。

一、影响文化创意产业功能区定位的因素

文化创意产业的双重属性及其对北京市可持续发展的重要意义决定着文化创意产业功能区定位必须高远，北京城市功能定位、城市总体规划、城市发展阶段等决定着文化创意产业功能区的基本功能、发展方向和演化，对文化创意产业功能区定位具有重要影响。

（一）文化创意产业属性

文化创意产业不仅具有经济属性，更为重要的是，文化创意产业发展还具有引领城市文化、城市精神的深层意义，决定着文化创意产业功能区定位必须意在高远，从构建北京市 21 世纪创意空间和创意城市的视角①，确立文化创意产业功能区在引领北京世界城市建设和国家文化发展中的重

① 马仁峰．城市观嬗变与创意城市空间构建——核心内容与研究框架［J］．城市规划学刊，2010（6）：109－118.

要意义。

文化创意产业具有高度的融合性，文化创意产业功能区是融合多种生产、消费活动的复合型区域，不仅具有一定规模的特定主导产业、生产要素较为集中、经济活动较为活跃，是区域经济的增长点，同时还是文化发展的高地，创新活动密集，是城市文明的辐射源地。21世纪以来全球经济正发生着深刻变化，产业之间的渗透融合日益清晰地向人们展现出融合创新的发展趋势，文化产业作为一个综合性、渗透性、关联性、开放性比较突出的产业，在技术进步、规制放松、管理创新以及市场需求等动力因素的推动下，产业内涵不断丰富深化，产业边界不断延伸拓展，产业形态不断催生转型，文化与科技、旅游、商务、农业等产业在产品、市场和产业组织等方面呈现的融合态势日益加深。文化产业将持续快速发展并与科技、旅游、商务、农业等产业加速融合，成为当前北京市转变经济发展方式的重要突破口。

（二）北京城市功能定位

文化创意产业功能区作为具有特定功能的产业空间，北京城市功能定位和发展方向决定着文化创意产业功能区的基本功能和作用。作为首都，北京是全国的政治中心和文化中心，同时作为全国科技资源最为密集的城市，北京不仅要引领全国文化与科技发展，成为全国创新中心和文化之都，还要承担起沟通世界的桥梁和纽带作用，打造具有世界影响力的科技文化创新之城。为此，北京需要掌握经济科技竞争的制高点，把握产业发展的主动权，加快经济发展方式转变和经济结构调整。文化创意产业功能区发展必须符合首都城市功能定位和发展方向，将文化与科技优势融合起来，率先形成科技创新、文化创新“双轮驱动”的发展格局，成为全国文化创意产业发展的标杆和典范。

（三）北京城市总体规划与城市功能区发展理念

北京文化创意产业功能区的规划建设，必须与城市区域功能定位保持统一，与区域的特色资源优势相结合。城市功能区发展理念深刻影响着文化创意产业功能区的规划和建设实践。《北京城市总体规划（2004—2020年）》从北京城市发展定位出发，结合各区县的资源特点，从总体上将全市划分为首都功能核心区、城市功能拓展区、城市发展新区和生态涵养发展区四类功能区，不同区域功能定位对于文化创意产业发展具有不同要求，而文化创意产业功能区的规划建设也将对城市区域功能定位的深化产生深远的影响。

（四）北京城市发展新阶段的现实需求

城市发展阶段决定着不同人群和社会对文化的需求特征，对文化创意产业发展的规模、结构、水平具有深刻影响。2000 年以来北京去工业化态势显著（于涛方等，2008），2012 年北京市人均 GDP 已经达到 13797 美元，三次产业产值结构为 0.8∶22.8∶76.4，整体上已步入后工业化发展阶段。总体而言，北京市已经步入后工业化时期，经济社会结构对文化、休闲等服务业的需求规模和质量都在迅速变化，对文化创意产业的需求迅速扩大，质量要求也不断提高。

二、北京文化创意产业功能区基本定位

把转变发展方式作为文化创意产业发展的着力点，走融合式发展、内涵式发展、集约化发展、品牌化发展、国际化发展的道路。将文化创意产业功能区规划建设成为北京文化创意产业发展的新载体、文化政策创新与实施的试验田、经济增长的新引擎、创新发展的新平台以及城市建设的新品牌，使之成为北京实现“两个率先”和世界城市建设的软实力支撑。

（一）文化创意产业发展的新载体

将文化创意产业功能区作为解决文化创意产业集聚区和文化创意产业发展问题、促进北京市文化产业健康发展的空间载体。通过切实发挥文化企业的主体作用，增强企业适应市场的能力，提高企业竞争力，增加文化创意企业数量，打造一批大型龙头文化企业，扩大产业规模，不断提升文化创意产业功能区在文化创意产业发展中的地位和作用。

（二）文化政策的试验田

依托北京市的文化、科技资源优势和良好的产业基础，将文化创意产业功能区作为推动文化与科技、金融、教育和其他相关产业融合发展的先行先试示范区，不断扩大文化创意产业功能区的影响力，将其打造成国家文化产业发展的新标杆和全国文化的创新中心，在宏观层面营造良好的城市创新文化氛围。

（三）经济增长的新引擎

积极发挥文化企业的主体作用，通过完善产业链、供应链、服务链培育文化创意产业集群，提升全市文化创意产业规模化、集约化、专业化水平，通过大型文化项目建设打造文化创意功能区品牌，不断扩大功能区内文化创意产业的规模，提升文化创意产业功能区产值占全市 GDP 的比重，增强文化创意产业的支柱地位，提升文化创意产业功能区的辐射带动作用，将文化创意产业功能区打造成为城市发展的新引擎。

（四）创新发展的新平台

创新是文化创意产业发展的根本动力，也是文化创意产业的根本特征，把文化创意产业功能区作为首都协同创新和体制机制创新的平台，作为推动全市转变发展方式的新载体。依托首都城市的科技和人力资源优势，构建文化交流、交易平台和文化创意产业创新发展的协作网络，充分利用各类商业人才、艺术人才、科技人才等协同创新，通过产业协同、区域协同、政产学研协同、政府和市场协同，将文化与创新结合起来，通过增进城市经济文化协作，使文化创意产业功能区成为文化建设和文化产业发展的创新之源。

（五）城市建设的新品牌

将文化创意产业功能区打造成为首都的新品牌，将打造产品品牌、企业品牌、产业品牌、区域品牌和城市品牌结合起来，积极推进文化创意产业国际化，不断提升首都文化产品的国际细分市场占有率和国际影响力。

通过打造文化品牌，改善城市总体形象，提高城市品味，从而提升城市的综合竞争优势，为建设中国特色社会主义“先进文化之都”和中国特色世界城市提供坚实支撑。

第三节　理顺文化创意产业功能区规划的总体思路

北京文化创意产业功能区的规划布局遵循统筹全局、整体优化，产业融合、重点提升，规划衔接、错位发展，产业集聚、空间集约，一区多点、政策覆盖5项基本原则，规划布局的基本思路是面向解决全市文化创意产业集聚区发展存在的空间布局问题，以“3+3+X”（即优化提升文化艺术、广播影视、新闻出版3大传统优势产业竞争力，整体提升艺术品交易、广告会展、设计服务3大高成长性产业实力，大力培育提升X个文化新业态）产业发展体系为指导以实现统筹布局，与北京文化创意产业整体发展趋势相协调以实现融合发展，与四大主体功能区定位相适应以实现错位发展。

一、北京市文化创意产业功能区规划布局应遵循的原则

根据北京文化创意产业功能区规划的指导思想，结合北京文化创意产业发展的现状特点，北京文化创意产业功能区规划布局遵应循以下基本原则：

（一）统筹全局、整体优化

北京文化创意产业功能区规划布局，应遵循统筹全局的方针，以北京市文化创意产业整体优化为目标，按照市级功能、区域功能、区县功能的先后顺序，从上至下，统筹规划文化创意产业功能区的布局，逐步引导区县立足区县特色资源、发挥比较优势，形成功能特色化配置格局，实现文化创意产业整体功能的优化。

（二）产业融合、重点提升

北京文化创意产业功能区规划布局应遵循科技、金融与文化创意产业融合发展的原则，通过融合发展不断培育文化创意产业新业态，促进传统产业与文化创意产业的融合发展，提升传统产业附加值。聚焦“3+3+X”的重点产业领域，巩固提升文化艺术、广播影视、新闻出版3大传统优势产业，加快发展艺术品交易、广告会展、设计服务3大高成长性产业，探索和培育X种文化产业新业态，以重点功能区、重点产业和重大项目带动全市文化创意产业发展质量提升。

（三）规划衔接、错位发展

北京文化创意产业功能区规划布局应与北京城市总体规划和北京市主体功能区规划的空间布局相衔接，积极通过功能区建设带动中心城区功能疏散、新城建设和功能区域发展。结合各区县发展的资源要素禀赋和比较优势，通过政策、项目、资金、设施建设等措施，引导各区县通过功能区明确产业发展重点，避免同质竞争，形成区县联动、合理分工、各有特色、错位发展、有序竞争的文化创意产业功能区体系。

（四）产业集聚、空间集约

北京文化创意产业功能区的规划布局，遵从文化创意产业空间发展规律，引导不同类型、不同环节和不同发展阶段的文化创意产业向各区县功能区和功能区各园区集聚发展。坚持功能区空间集约利用，鼓励功能区带动传统历史文化区域的创意转型和商务办公区域的文化转型发展，推动老厂区和村庄改造及产业升级，避免出现功能区地产化开发。

（五）一区多点、政策覆盖

北京文化创意产业功能区的规划布局，考虑到同一类型文化创意产业在不同环节和细分领域的广泛分布，结合文化创意产业的发展特点，吸收借鉴中关村一区多园发展经验，采用“一区多点、政策覆盖”的空间发展模式，健全产业政策体系，打造完整产业链条，形成促进文化创意产业发展的良好环境。

二、北京文化创意产业功能区规划布局的基本思路

根据北京城市总体规划、北京文化创意产业的发展现状与发展趋势，确定了北京文化创意产业功能区规划布局的3条基本思路。

（一）以“3+3+X”产业发展体系为指导，统筹布局

北京文化创意产业功能区的规划布局要紧紧抓住北京建设文化中心城市的总体目标，依据北京市城市总体规划和主体功能区规划对城市总体功能布局、新城定位的要求，紧扣市委宣传部明确的“3+3+X”产业发展体系和功能区发展内涵，以30个文化创意产业集聚区为重要载体，从产业门类、产业链环节和产业发展阶段三个方面，进一步梳理北京市各区县文化创意产业的发展基础和发展条件，构建功能体系完备、层次分明、重点突出、空间集约的文化创意产业功能区规划框架体系，规划建设若干文化创意产业功能区。

（二）与北京文化创意产业整体发展趋势相协调，注重融合

北京文化创意产业功能区的规划布局应与北京文化创意产业整体发展趋势相协调，文化创意产业作为一个综合性、渗透性、关联性、开放性比较突出的产业，在技术进步、管理创新以及市场需求等动力因素的推动下，产业内涵不断丰富深化，产业边界不断延伸拓展，产业形态不断催生转型，文化与科技、金融、旅游、商务、工业、农业等产业呈现的融合态势日益加深。文化、科技、金融是北京最有优势的特色资源，因此，文化创意产业功能区规划布局应注重文化与科技融合、文化与金融的融合发展。

（三）与四大主体功能区定位相适应，错位发展

根据北京城市总体规划关于“两轴—两带—多中心”和城市次区域划分的设想，遵循“优化城区、强化郊区”的原则，将全市从总体上划分为

首都功能核心区、城市功能拓展区、城市发展新区和生态涵养发展区四类区域。这四类区域由于功能定位不同，因而其文化创意产业功能区规划布局的思路和方向亦有所差异。

首都功能核心区集中体现北京作为我国政治、文化中心功能，重点布局以传统文化演艺、文化体验和文化金融为主的产业形态。城市功能拓展区是体现北京现代经济与国际交往功能的重要区域，重点规划布局文化科技、动漫网游、新媒体、时尚创意等为主的新兴高端产业形态。城市发展新区是北京疏散城市中心区产业与人口的重要区域，重点规划布局大型节庆、创意会展、传媒出版、游乐园等具有人口聚集效应的产业形态。生态涵养发展区是首都的生态屏障和水源保护地，是保证首都可持续发展的关键区域，重点规划布局文化生态旅游、民俗体验、休闲娱乐、品牌节庆等能够充分开发自然、生态和人文资源价值的产业形态。

第四节　规划北京文化创意产业功能区的空间布局

北京文化创意产业功能区不仅是全市文化创意产业发展的新载体和经济增长的新引擎，还是全市乃至全国文化发展的新标杆、体制机制创新的协作平台，以及城市建设的新品牌。规划建设文化创意产业功能区是北京文化创意产业自身集聚发展的现实需求和必然选择，是北京文化创意产业发展的基本着力点，而文化创意产业功能区的空间布局是规划建设的核心内容。

一、北京文化创意产业功能区空间布局的设计方向

规划建设文化创意产业功能区是北京的首创，无论国内还是国外均无先例。发展北京文化创意产业功能区是北京市委市政府适应新时期文化创意产业发展目标的新策略，文化创意产业功能区是文化创意产业集聚发展的新空间组织形式，是以文化创意产业为经济主体的产业功能区。通过完

善资源配置、培育产业集群，提升产业发展规模与质量，客观上是对集聚区主导功能的提升，是文化创意产业集聚区发展的重大突破，文化创意产业功能区的规划建设将使北京的文化创意产业更加集聚、功能更加集中。

（一）空间布局设计应充分依托北京的优势资源

文化资源、科技资源、金融资源是北京最具优势的三大资源，北京文化底蕴非常深厚，北京文化创意产业功能区空间布局的设计应该充分依托这三大优势资源。

东城和西城是首都功能核心区，是我国政治、文化中心，文化资源最为丰富，古都特色最鲜明，同时还是全国的金融中心、总部经济所在地，西城的金融街更是全国文化与金融融合发展示范基地。可见，东城和西城是北京文化创意产业优势资源最为丰富和集聚的区域，因此，该区建议规划布局文艺演艺、文化旅游、博物馆展览等功能区，弘扬中华民族的传统文化。

（二）空间布局设计应紧扣北京文化产业的发展政策

北京市政府出台的《关于实施“双轮驱动”战略 加快推进文化科技融合发展的意见》和《北京市推进文化和科技融合发展三年行动计划（2013—2015）》，指出推动文化科技融合发展，实现科技创新、文化创新“双轮驱动”是由首都功能定位决定的重大战略，是加快转变经济发展方式的关键抓手。文化与科技的融合发展是当前经济发展的大势所趋，文化与科技的融合发展将为文化创意产业发展注入新活力，催生一批新兴文化创意企业，有力带动文化创意产业的新发展。

海淀中关村国家自主创新示范区集聚了丰富的科技资源，是文化与科技融合发展的最理想选择，因此，在海淀中关村国家自主创新示范区可规划布局文化科技融合功能区。

2012 年 8 月，北京出台了《关于金融促进首都文化创意产业发展的意见》，在全国率先建设文化创意产业信贷、股权投资、企业上市、保险保障等九大文化金融服务体系。北京积极推动文化与金融对接，有力地促进了文化创意产业发展。

西城区金融资源优势明显，如金融街，位于北京西二环核心地段，集聚了全国近50%的金融资产，全国90%以上的信贷资金、65%的保费资金由其掌控，具有无比优越的金融创新能力和发展潜力，是文化与金融融合发展的理想选择，因此，在西城金融街地区可规划布局文化金融融合功能区。

（三）空间布局设计应以现有文化创意产业集聚区为基础

2006年以来，全市分四批共认定了30家文化创意产业集聚区，初步形成产业地理空间上的聚集，集聚和辐射带动效应日益显现，有力地推动了全市文化创意产业的发展。有些集聚区发展基础已经非常雄厚，如CBD国际传媒产业集聚区文化创意产业规模以上法人单位数、收入和从业人员在各集聚区中位居第一，集聚优势明显，该集聚区2012年文化创意产业实现收入573.1亿元，占全市集聚区收入的比重达43.3%。

在发展基础较好、品牌效益明显的集聚区，可设计为相应文化创意产业功能区的核心，同时整合周边相关的文化创意资源，如以CBD国际传媒产业集聚区为例，可在此规划设计传媒产业功能区。

二、北京文化创意产业功能区空间布局的设计建议

根据北京文化创意产业集聚区发展现状、北京文化创意产业的发展趋势，北京文化创意产业功能区在空间布局上建议设计为一轴、两带、多中心的空间格局。

（一）一轴：沿北京中轴线布局奥运文化、传统文化、现代文化若干功能区

从北京城市的文化功能布局来看，纵观南北的城市中轴线是首都文化底蕴最深厚，文化资源分布最为集中、最具文化魅力的区域，是首都文化功能体现最充分、最具代表性的区域，是首都文化走向世界的窗口。同时，由北京市文化创意产业集聚区分布可知，30个文化创意产业集聚区有

7 个分布在城市中轴线上，具备较雄厚的发展基础，因此，北京中轴线是北京文化创意产业功能区空间布局的最理想区域，建议沿中轴线规划布局各种文化创意产业功能区。

中轴线北段，依托现有的北京奥林匹克公园文化创意产业集聚区，可规划布局奥运文化产业功能区，该区包括鸟巢、水立方、奥林匹克公园，向北毗邻奥林匹克森林公园，具有充分的发展空间。

中轴线的中段，即北京传统中轴线，集中体现了北京古都文化，沿线分布有琉璃厂历史文化创意产业园、前门传统文化产业集聚区等文化创意产业集聚区，而且随着传统中轴线申遗，该区域文化功能将进一步强化，知名度和影响力将进一步提升。因此，该区域可规划布局彰显北京传统文化的文化创意产业功能区，如文化演艺、文化体验、文化旅游、博物馆展览等，弘扬中华民族的传统文化。

中轴线南段，分布有大红门服装服饰创意产业集聚区和国家新媒体产业基地等文化创意产业集聚区，其现代文化的趋向已比较明显，但整体功能定位不明确、文化特色不突出。随着新航城的建设，将给文化创意产业的发展带来活力，因此，该区可规划布局体现现代文化的文化创意产业功能区，如创意设计文化功能区。

（二）两带：中关村科技园区海淀园—石景山园一带和 CBD—定福庄一带

两带即海淀区中关村国家自主创新示范区—石景山园一带和 CBD—定福庄一带。海淀区中关村国家自主创新示范区—石景山园一带，依托中关村国家自主创新示范区丰富的科技资源，充分利用科技与文化融合发展的政策优势，可规划布局文化科技融合功能区、数字动漫网游功能区等文化创意产业功能区。

CBD—定福庄一带，依托北京 CBD 国际传媒集聚区已经形成的品牌效应和强大的发展势头，整合该区现有文化创意产业集聚区，可规划布局传媒文化创意产业功能区。

（三）多中心：依据现有文化创意产业集聚区的布局特色规划多个文化创意产业中心

多中心是指除了一轴、两带之外，依据现有文化创意产业集聚区的发展现状和未来文化创意产业的发展趋势，可以规划布局相互分离的多个文化创意功能区。如，在怀柔影视基地集聚区基础上可规划布局影视产业功能区，在宋庄原创艺术与卡通产业集聚区的基础上规划布局艺术设计与卡通产业功能区，在平谷音乐产业集聚区的基础上规划布局音乐产业功能区等。

三、北京文化创意产业功能区空间布局设计的特点

根据北京文化创意产业功能区规划的原则、思路和空间布局的设计方向与建议，北京文化创意产业功能区在布局设计上呈现如下特点：

（一）文化创意产业功能区空间布局设计与优势要素分布高度一致

文化创意产业功能区“一轴、两带、多中心”的空间格局，与北京市拥有的文化、科技、金融等优势资源的空间分布高度一致。一轴集中分布有奥运文化、传统文化和现代文化等集聚区，中关村海淀园—石景山园一带集中了北京最为密集的科教智力和人才资源优势，CBD 一带分布有营业收入超过北京文化创意产业收入 40% 的 CBD 国际传媒产业集聚区。

（二）文化创意产业功能区设计有明确的主导产业

文化创意产业功能区在规划布局时特别强调主导产业，每个文化创意产业功能区都有一个与其他功能区不同的主导产业，这也是文化创意产业功能区与文化创意产业集聚区的重要区别之一。如以 CBD 国际传媒产业集聚区为基础规划布局国际传媒产业功能区，该区的主导产业就是传媒产业。

（三）文化创意产业功能区空间布局突破了行政区划界限

文化创意产业功能区规划布局设计的最重要特征是文化创意产业功能

区突破了传统行政区划的界限，以产业的功能集聚作为范围界定、政策施力的依据，在推进产业发展的过程中，直接将跨行政区划的功能区作为政策目标区，实现全市特色产业发展的统筹布局。

（四）地理空间的不连续性，分块、分点组合

北京文化创意产业功能区的空间布局设计是在文化创意产业集聚区的基础上打破行政界线，进行资源整合和主导功能的提炼而形成的，除少数在空间上是连续分布的整体园区外，大部分功能区在空间上是不连续的，有多个地理空间上相互分离的区域构成，在空间上将呈现多块间断分布、分块、分点组合的特点。

第十章
推进北京文化创意产业功能区发展的主要举措

文化创意产业功能区的规划建设是一项长期性、系统性和创新性的工作，需要多方配合、全面统筹、稳步推进，逐步形成文化创意产业功能区规划建设的推进机制和保障体系。目前，北京市文化创意产业功能区的规划建设才刚刚起步，各项工作还处于摸索阶段，可借鉴的经验少，工作推进难度大，更需要加强保障、稳扎稳打，把各项工作落到实处。鉴于以上考虑，当前推进文化创意产业功能区的建设工作应该从组织管理、试点示范、公共服务、资金支持等几个方面加强保障落实，并有针对性地建立文化创意产业功能区发展的政策支持体系，推动文化创意产业功能区健康、快速发展。

第一节　加强组织领导，创新功能区的管理体制

首先，在协调方式上，要建立统分结合、事权集中、领导统一的组织协调机制。建议在北京市文化改革和发展领导小组的领导下，成立北京市文化创意产业功能区规划建设专项工作组，由市领导任组长。专项工作组主要负责全市功能区规划建设方案的审批和项目立项、评估及组织实施等工作。推动各区县建立相应的文化创意产业功能区建设工作小组，接受市

文化创意产业功能区规划建设领导小组的指导，按照全市的统一规划和相关政策开展辖区内的文化创意产业功能区建设。推动以市政府或市政府办公厅名义出台《关于加快北京市文化创意产业功能区建设的意见》，确立全市统筹协调的体制机制，突出文化创意产业功能区规划建设的目标和任务，明确文化创意产业功能区建设重点工作及配套政策。筹备召开全市文化创意产业功能区建设工作大会，通过会议统一思想、做好动员、部署工作、深化影响。

其次，在管理范围上，突破行政区划界限，推动跨行政区统筹发展。文化创意产业功能区最重要的特征是在规划布局中突破了传统行政区划的界限，以产业的功能集聚作为范围界定、政策施力的依据，在推进产业发展的过程中，直接将跨行政区划的功能区作为政策目标区，实现全市特色文化产业发展的统筹布局。北京市文资办作为功能区的统筹管理单位，应站在全市层面主导产业政策的落实，按照不同文化创意产业功能区的特点实行分类指导，实现“一区一策”。这种将个性化的产业政策直接作用于功能区企业的模式，体现了产业政策的“扁平化”管理和实施，能够改变传统行政指令下的政策层层下发、逐层执行的低效或无效模式，提高政策的针对性和时效性，使全市文化创意产业在功能区模式下高效、集约、有序发展。

最后，在开发模式上，实行政府主导和市场化运作相结合。按照坚持政府主导力、企业主体力和市场配置力“三力合一”的思路，2013 年 3 月，北京市文化创意产业投资基金管理有限公司组建成立，并在市文资办的监管下进行市场化运营，主要负责项目的前期准备、项目建设、管理以及融资等工作，既是项目筹资、建设以及运营的主体，也是维持建设资金平衡的负责单位。北京市文化创意产业投资基金管理有限公司负责管理政府引导资金。通过政府引导资金吸收其他社会资金。按照影视、传媒、网游、动漫、广告、文化艺术品交易等行业以及重大文化项目分别设立若干子基金，投资北京市的文化产业。基金总规模超过 100 亿元人民币，计划设立 10 ~ 20 只子基金，每支子基金规模在 10 亿元左右，目前已经储备了各类项目900余个。基金首先将重点投资北京市重大文化产业类项目；其次将重点投资新闻出版和发行、广播影视、文化艺术、文化科技、文化旅游休闲、设计创意、动漫游戏、重大演出等行业内需重点培育的未上市企业，并为打造文化航母、文化事业单位改制、文化企业的重组和并购以及文化新三板企业进行支持和投资。

第二节　实施试点示范，推进功能区示范园建设

文化创意产业功能区的规划建设是集空间布局、产业规划和政策配套于一体的综合性工作，牵涉部门多，涉及面广，工作内容复杂，并且可借鉴的经验较少，是一项庞大的系统工程，在组织实施和方案设计等方面均面临着巨大挑战，并且存在很多不确定性。为了确保文化创意产业功能区规划建设工作的顺利开展，在正式对各功能区全面部署各类工作、项目和政策之前，选择一些发展较好、具有代表性的功能区典型片区开展试点示范，推进功能区示范园建设，通过试点积累经验，逐步规范，进而循序渐进地推广是非常必要的。通过进行试点示范工作可以检测该类功能区的规划建设方案以及实施细则是否可行，同时锻炼和培训业务骨干协助规划建设文化创意产业功能区的能力，从而取得组织推进功能区全面建设的经验。

文化创意产业功能区示范园的试点示范，应按照“先行试点、循序渐进”的原则，理清工作思路，科学系统规划，扎实有效推进，确保试点工作取得实实在在的效果。一是科学制定功能区示范园的遴选标准，根据各功能区集聚效应、产业规模、品牌影响等发展情况，对拟规划建设的功能区进行分类梳理，挑选其中发展基础好、已具功能区雏形、迫切需要政策集成促进的，予以重点支持建设，如天竺文化保税功能区、天坛—天桥核心演艺功能区、影视产业功能区、出版发行功能区、CBD—定福庄国际传媒产业走廊功能区等。二是合理设计功能区示范园的建设任务，以重点项目

为引领，分阶段、分批次推进，逐步提升功能区示范园的建设水平。三是以建设功能区示范园为抓手，加强政策研究，用好项目审批、财政支持、人才引进、土地使用等各方面政策资源，先行先试，为功能区整体规划建设积累经验，待时机成熟后全面铺开，推动全市文化创意产业繁荣发展。

第三节 提升服务意识，建设功能区公共服务平台

第一，建设一批公共技术服务平台，为创意企业提供技术服务。文化创意产业以中小企业为主。普遍存在技术设备落后、技术能力较差以及创新能力不强、转型升级困难等问题，严重阻碍了企业自身以及产业的整体发展。公共技术服务平台的建设能够解决中小型创意企业面临的公共技术需求，也是有效扶持中小型创意企业发展的重要工作载体。创意企业在生产发展过程中均有可能遇到产业设计、开发、试验、工艺流程、制造、检测以及标准化等技术层面问题，因此社会化的公共技术服务平台的存在就具有很大的必要性。公共技术服务平台能够为这些创意企业，尤其是初创企业解决技术问题，提高其创新能力，为其提供所需的相关服务。因此，应依托功能区现有优势，充分利用财政资金，推动功能区公共技术实验室建设，打造面向不同行业的公共技术服务平台，如在创意设计服务功能区建设设计服务平台，在动漫网游功能区建设网游技术服务平台等。

第二，搭建投融资公共服务平台，解决中小型文化创意企业融资难问题。一方面文化创意企业的无形资产比例较高，而固定资产比例较小，因此较难进入资本市场；另一方面，国内的知识产权保护体系亟须完善，创意产业的内部管理又不够规范，对创意产业投资所获的收益较难控制，最终导致以无形资产为主要资产的文化创意企业在融资方面也比较困难。因此，应与银行、风险投资、私募基金等金融机构合作，搭建能够为文化创意产业提供金融、工商、税务等方面相关支持的投融资服务平台，为中小型文化创意企业探索融资新途径，并对初期发展的中小型文化创意企业提

供政府贷款担保、银行质押以及文化产业发展专项资金的直接补助、房租补贴等，帮助中小型文化创意企业进行宣传推广，将投融资服务平台作为文化创意产业发展的突破口，促进文化产业和金融业结合发展，建立服务于文化创意产业的多层次资本市场。同时，要加大财政资金向文化创意产业功能区的倾斜力度，通过调整北京市文化创新发展专项基金的支持导向和重点，使得基金的重点支持方向符合北京市文化创意产业功能区和集聚区定位，有利于优化首都文化创意产业功能区布局，切实提升功能区规划的约束力，引导企业、项目、人才向功能区聚集。

第三，建立创意人才培养公共服务平台，为功能区发展提供优质人才。近几年，北京文化创意产业得到了政府的大力支持，并获得了高速的发展。由于文化创意产业是典型的以人为本的现代经济发展模式，人才是文化创意产业的灵魂，而现行教育体制下创意人才的供给能力不足，首都文化创意产业在快速成长的背后，人才缺乏已成为产业发展的一个软肋，人才总量、结构和素质都还远不能适应北京文化创意产业发展的需要。一方面，文化创意产业缺乏原创，大量抄袭模仿，甚至沦为文化创意产业加工业；另一方面，好的创意又缺乏创新性的市场运作，难以实现其经济价值。因此，应面向全市文化创意产业功能区的人才需求，建立集人才供需、人才交流、技能培训等于一体的公共服务平台。

第四，打造知识产权保护与利用平台，建立文化创意产业知识产权保护体系。文化创意产业的核心是创新和创造力，具有研发设计投入高、复制成本低的特点，一旦创意主体的合法权益得不到有效保护，投入的人、财、物成本就难以收回。由于文化创意企业知识产权的特殊性，目前存在的这些问题严重阻碍着产业的发展。针对此问题，应引入专业的知识产权中介机构，构建一个面向全市文化创意产业及科技公司的知识产权保护方面的公共服务平台，并实现知识产权保护平台与其他投融资平台、交易平台的充分对接。公共服务平台可以提供涉及知识产权信息查询，企业知识产权管理，知识产权申请、保护、交易、评估、融资等方面的服务，具有知识产权侵权举报及行政执法、知识产权培训等各项职能。

第四节
健全工作推进机制，组建功能区发展联盟

产业联盟是参与方出于确保整合各方的市场优势、应对共同的竞争者或将业务推向新领域等目的，由企业间结成的互相协作和资源整合的合作模式。产业联盟是整合优化资源、完善提升产业链、推进产业发展的重要抓手和载体。为了促进文化创意产业功能区资源共享和互利共赢、发挥龙头骨干企业的引领带动作用、实现产业上中下游企业和相关机构的协同发展，进而提升文化创意产业功能区在国内外市场的整体竞争力，建议面向全市文化创意产业功能区，组建以企业为主体的、不同类型的文化创意产业功能区发展联盟。通过联盟搭建企业与政府之间沟通的桥梁，充分发挥市场的决定性作用，使功能区在骨干龙头企业的引领下，在创意研发、生产制造、示范应用、市场开拓等方面开展合作，承接政府公共服务平台建设，为功能区产业发展提供支撑服务，做强产业链，做大产业增量。

在组建文化创意产业功能区发展联盟的基础上，建立文化创意产业功能区发展联盟联席会机制，定期召开联席会议，开展跨联盟产业交流，提高联盟凝聚力、影响力、话语权，在促进联盟间协同创新，技术、产业交叉集成中发挥积极作用，同时搭建联盟与政府、联盟与联盟之间沟通的桥梁，推动文化创意产业集团化布局、集群化发展。

第五节 落实政策配套，对功能区进行分类指导

功能区的发展，与配套的产业政策密不可分，配套产业政策是政府引导市场、推进功能区形成与发展的关键。只有当功能区配套政策形成分工合理、相互促进的体系，实现配套政策系统功能最优，才能又好又

快地推进功能区建设。同样，文化创意产业功能区的本质也是政策区域，必须通过引领性的政策，为功能区发展创造条件，促进产业集中和功能集聚。目前全市文化创意产业功能区整体处于起步发展阶段，部分功能区已经形成了一定规模，此时政府如能营造良好的政策环境、大力助推文化创意产业功能区快速发展，不仅能够直接形成新的经济增长点，而且能够通过乘数效应带动其他产业发展，显著拉动社会就业。这对于提升全市的综合竞争力具有积极作用，是优化产业结构、促进全市经济成长的重要选择。

据不完全统计，2006 年至今，北京市及各区县共出台了 30 多项促进文化创意产业发展的政策措施与发展规划，涉及全市创意产业的产业规划、产业促进、统计标准、资金扶持、税收优惠、管理办法、人才建设等方面，还有一些区县级的政策和规划，总体来说已形成了一套比较完整的文化创意产业规划指导体系和政策保障体系，为北京文化创意产业发展创造了良好的政策环境。但是，综观全市针对文化创意产业制定的一些政策，总体来说存在两点不足之处：一是政策的力度不够大，配套性及统筹性也不强，导向性还较为模糊；二是政策总体较为宏观，缺少具体的操作实施细则等配套措施，急需出台土地、工商、财政、税收、科技等所涉领域的具体支持政策①。由于政策的针对性不强，处于不同行业、不同发展阶段的文化创意企业享受政策的渠道并不畅通，政策的切实落实一直是一个制约政策实施效率的难题。

因此，作为一个政策区域，要体现出文化创意产业功能区独特的政策优势，就必须根据功能区的产业定位，按照“一区一策”原则，深化研究政策保障体系，探讨综合运用优惠政策、产业资金、金融服务、大项目和服务平台等手段营造激励文化创新的氛围，加快培育合格的文化创新主体，扶持并壮大特色产业，着力提升产品和服务的文化内涵和创意水平。

---

① 陈旺．文化创意产业发展扶持政策体系研究［J］．商场现代化，2010－10－01．

第六节 实施动态规划管理，适时调整功能区范围与布局

在经济全球化的大背景下，在全球城市体系中的角色定位已经成为城市发展必须考虑的主要因素之一，并且城市的功能定位要随着全球经济的大环境变化而做出相应调整。作为首都，在我国国际地位不断提高以及国际影响力逐步增强的新形势下，北京应该提高对自身的要求，朝着世界城市的目标发展。文化创意产业功能区的规划建设是立足于北京城市发展定位以及区域经济、文化发展面临的现实需求。因此，文化创意产业功能区的规划范围与布局，应根据国家、北京市的相关区域发展战略、政策变化，按照文化创意产业新的发展要求，适时进行调整。

自新中国成立以来，北京这座历史古都发生了巨大的变化。从生产性城市，到淡化经济中心职能，再到突出首都经济与文化特色，最后落脚于强化首都职能，迈向国际城市，这种变化是受到了城市“自构”的影响，也存在着“被构”的印记。城市“自构”是指城市遵循内在的发展规律，是一种“自我组织过程”；“被构”是指决策者受到了所处环境的影响，有目的、有组织、有计划地对城市发展进程进行干预、控制及影响，从而实现一定时期内的发展目标，通常通过对城市发展的总体规划来推进①。自1949年以来，北京开展的城市总体规划编制工作共6次，这些规划反映了决策者的意图，也对北京城市发展定位产生了影响。同时，北京在文化发展定位也在不断地调整，这些调整对于文化创意产业的发展布局都产生着深远的影响。可以预见，随着经济社会的不断发展，北京城市发展、区域发展和产业发展的定位还会不断调整，这些变化对于文化创意产业功能区的规划布局势必产生重要的影响，因此，按照上位文件的变化调整文化创

① 杨保军. 北京城市定位与空间嬗变［J］. 中国建设信息，2009－01－23.

意产业功能区的范围和布局就成为必然要求。

第七节
建立统计监测体系，实时跟踪功能区发展动态

随着文化创意产业功能区的发展，加强并改进功能区的产业统计监测工作是产业发展对统计工作的内在需求，也是统计方法、制度改革创新的目标任务。建立文化创意产业功能区的统计监测体系，是科学反映全市文化创意产业规模、结构、效益以及发展速度等现状和变化趋势的重要基础性工作。对文化创意产业功能区的现实状况进行统计监测可以全面、准确、及时地反映文化创意产业功能区的发展状况，可以客观真实地评价全市文化创意产业的发展水平。通过为政府及社会提供功能区的具体数据资料、统计分析报告以及咨询意见等，有助于市委市政府在文化创意产业发展方面进行科学决策和管理工作，以及制定相关产业政策，使得产业发展速度得到提升。借助统计调查手段及成果可以了解全市文化创意产业功能区的资源配置及发展情况，定期获知全面的文化资源现状和产业发展的整体信息，有利于文化资源的整合利用，提升经营水平的集约化程度，确定产业的优势主导行业。利用统计监测方法，还可以通过对全市20个文化创意产业功能区进行的横向、纵向比较，从宏观层面上准确反映文化创意产业的发展水平，针对文化创意产业的优势和不足，科学地规划文化创意产业发展蓝图。

文化创意产业功能区的规划建设才刚刚起步，针对文化创意产业功能区的统计监测工作涉及多个部门和单位，监测数据的来源主要包括文化艺术、广播影视、新闻出版、科技、教育、财政、民政、建设、体育、工商、林业、旅游、信息产业、档案、通信管理、统计等各部门，同时还涉及上述各部门和单位的管理范围之外的部队、社会、企业办的文化产业活动单位和文化个体经营户等，组织难度较大。因此，加强和改进文化创意

功能区的统计监测工作，建立完善与国内外标准相匹配、符合北京实际又具有北京特色的文化创意功能区统计指标体系和调查体系就显得更为迫切。应尽快规范产业数据的来源渠道，统一全市文化创意功能区的统计范围及口径，促使文化创意产业功能区的统计范畴尽快扩展到全行业、全社会，从而提高文化创意及相关产业统计信息的准确性以及数据分析研究的科学性、可比性和可操作性，实现对功能区发展的实时动态监控。

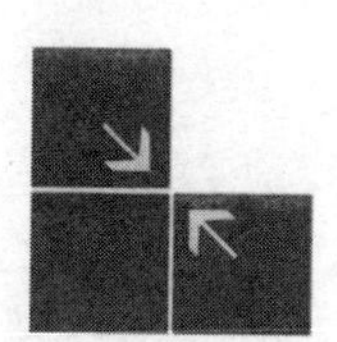

第五部分

视点篇

第十一章
推进北京文化创意产业功能化集聚的战略思考

文化创意产业功能区的规划建设是北京市文资办2012年成立以来的一项要事，也是“十二五”时期北京市文化创意产业发展的一件大事。“功能区”的规划将从战略层面直接影响到北京市文化创意产业的整体布局和发展路径。

一、功能区与园区、集聚区的区别

“功能区”概念一被提出，它就被作为北京市落实世界文化中心城市总体定位的重要抓手。概念的背后往往体现的是理论发现和观念更新。文化创意产业园区、集聚区和功能区，都属“产业集群”的概念范畴，但“功能区”表现为产业集群在前两者基础上的拓展与创新。

文化创意产业具有集群发展的特质。就产业集群这个考察范畴而言，产业“园区”往往形成了产业集聚，但不一定形成产业集群。园区更注重地理空间位置因素，它由政府或企业主导建设，实行一定的园区政策、管理与服务；园区内产业类型多样，入园企业产业关联度不一定很高。而“集聚区”则是以产业链为中心的，但它缺乏组织协调机制。集聚区有这样一些特点：有一定空间集中度，但地理特性不十分明显；自发或半自发形成；组织体系和管理服务体系不一定完善；产业关联度相对较高。

目前规划中所探讨的“功能区”不以空间的集聚为旨要，而是强调空间、产业链、组织协调、内生发展动力这些要素的集合。与“园区”和“集聚区”相比较，“功能区”是在政府调控和市场驱动两股力量作用下形成的，既有一定的空间关联，又有明显的产业关联；它不仅表现为物理空间，还突出的表现为“政策空间”。

功能区可以是“分布式”发展的，甚至可以是打破集聚的。功能区可以视为城市内部某种新兴或强势产业集聚发展、产业规模扩大在“要素集聚”、“资源集聚”上的表现。我们熟知，文化产业区别于工业产业的一个显著特色是其细分产业门类多，且不同门类区分大。那么，依据不同细分产业门类的内在特质进行产业要素的整合与协调，构建共性与个性化政策支持体系，是适应新时期文化产业创新发展的必要选择。

“功能区”规划建设的意义，就是要以产业链、供应链、服务链为纽带，合理配置要素资源、充分培育市场主体，加强产业内部的关联，激发产业内在的活力。“功能区”的构建目标，是要充分形成北京市文化创意产业的错位竞争和融合发展，着力实现北京市文化创意产业上下游有效聚集、协同发展，产业政策、公共空间、中介平台有力支撑的局面。

二、功能区的核心价值

“产业集群”属于产业经济学的范畴。而经济学要解决的核心问题是资源配置问题。产业经济在发展过程中，生产、分配、交换、消费四个环节都必然要面对的问题是资源稀缺性问题，产业的各类参与主体都必须对资源做出选择，回答资源配置的方式和方向问题。可以说，资源配置是社会生产和再生产始终面临的问题，资源配置的效率决定了社会生产和再生产的效率。

“功能区”和“园区”、“集聚区”的本质区别在于资源配置的方式和方向的变化。

一段时期内北京市文化创意产业园区、集聚区呈雨后春笋之势，但它们在推动北京市文化创意产业加速发展的同时，也存在一些不足。其中包括同质竞争、集聚度不够、区域发展不平衡、管理体制不畅、保障系统不健全、政策有效性不强等。提出功能区的目的，在于紧紧围绕资源配置这一产业经济的核心问题，将产业的空间布局、体系设计与产业链协调、政策保障更恰当地结合起来，进一步避免产业发展过程中不必要的资源损耗和同质竞争。功能区建设，不仅是北京市文化创意产业未来长期可持续发展的要求，也是在全球化时代，北京市更好地融入世界文化创意产业协作体系的必要举措。

三、空间布局与产业体系

空间布局与产业体系构建是目前北京市“功能区”规划的两个重要问题。前一问题是与文化创意产业在一个城市的结构转型、功能提升和未来规划中所扮演的重要角色相关的。后一问题，是对文化创意产业自身发展结构的布局设计。

早期的研究表明，文化创意产业大多集聚在城市的边缘地带（Zukin S，1988），并在衰败旧区再生中扮演着重要角色（Sassen S，1994）。而2000年以来的研究进一步发现了文化创意产业主要集中在大城市的内城和CBD边缘地区，尤其偏好大都市的旧仓库、旧工厂和内城等不适于居住的区域，成为城市的“新生产空间”，在生产更新、景观重建、城市空间结构重新配置、内城空间的重新地方化和地方社区再生当中扮演了重要角色（Hutton T A，2000；2004；2006）。文化创意产业推进了城市更新，导致了传统的城市景观和旧有的空间结构从公共文化空间向文化经济空间转变、从工业生产空间向文化消费空间转变（Montgomery J，2004）。随着交通和通信的进步，也有学者的研究认为文化创意产业发展还与城市边缘区发展（Bagwell S，2008）以及郊区化（Glaeser E L，2005）甚至远郊区化（Christy C，etc，2010）关系密切。因而，作为勾画北京市文化创意产业未来发展蓝图的功能区规划，必须与整个北京市的城市规划发展结合起来。

在具体设计中，需要考虑到文化创意产业各行业集聚的空间分异是十分明显的。一些门类偏好于城市的传统街区、内城中心、CBD、Sub－

CBD，例如演艺、传媒、广告的高端部分、设计服务业总部等；而一些门类则偏好于中心区边缘、次中心、大学周边或新城，例如原创艺术、信息服务的专业化中心、文创生产环节、会展等。并且，产业门类的不同发展阶段、发展规模对于城市空间的选择、集聚的程度亦是有差异的。“功能区”的空间布局规划充分考查了影响产业集聚的各种因素，包括文化创意产业的多样性、创意阶层的流动、知识外溢、成熟区域的正外部效应、产业发育程度等，采用了“一区多点、政策覆盖”的布局模式。

在产业体系的规划上，功能区以“产业”为逻辑起点，意在遵循产业的动态变动和均衡发展的规律基础上，促进要素资源流动、结构布局优化、经济绩效提升。在整体结构上，突出文化科技融合与文化金融融合两大主线和文化艺术、传媒影视、出版发行、设计服务、文化交易、会展活动、文化休闲七大板块。这些产业板块在城市空间中的体现，既可以是一个产业在一个区域，也可以是一个产业覆盖多个区域，或者一个区域拥有多种产业——规划的依据在于产业链、供应链和服务链。在主导产业选择的基础上，规划还应对辅助产业的联动予以充分的关注，着力加强功能区主导产业与辅助产业的信息交流与合作对话，促进产业内服务外包、经贸代理、衍生品等领域的健康发展。此外，功能区还特别强调了产业中介与服务平台的建设，提出建立健全信息咨询服务、公共技术服务、交易集成服务、创业孵化服务等公共服务体系，以提升产业聚集的资源集约性和运转有效性，从产业全局意义上实现大的融合发展。

四、需要强调的两大主线

为什么要在产业体系中特别提出“两大主线”的概念？对科技与金融在文化创意产业突破发展的进程中所发挥的关键作用，我们多少意识到了，但可以说，我们的意识很可能还仍然不够。

主线的意义在于突出和强调，更在于线索和引领。文化科技融合主线即是要以科技作为北京市发展文化创意产业的重要线索和引领。文化科技融合示范功能区将是北京市实现文化、科技双轮驱动战略的主战场，也是充分发挥北京市科技优势和高新技术产业优势的政策载体。在产业层面，该功能区将大力发展文化软件服务、互联网信息服务、文化增值电信服务等产业，积极拓展移动互联、人工智能、大数据、云计算等产业融合新型业态；在数字内容领域形成原创开发、设计制作、展示交易、运营服务、衍生品授权等完整的产业链条。此外，该主线还要担负起科技支持文化创意产业发展的示范和引领作用，带动科技创新在文化产业领域的转换，并积极实现科技资源的跨区域共享。

文化金融融合是功能区的另一大主线。所谓金融的“融”，代表着价值的流通。文化创意产业要博取突破性发展，急需运用“杠杆”的作用，寻求价值支点来撬动资本。而从现实来看，由于文化创意产业众所周知的特殊性，往往很难获得金融信贷的支持，其所遭遇到的重大发展瓶颈就是投融资渠道不畅的问题。金融作为驱动产业发展的核心要素，没有发达的文化金融，就难于形成发达的文化创意产业。

“功能区”的文化金融融合主线，就是要着意探索金融支持文化创意产业发展的问题。该主线将发挥北京市金融中心的作用，集合政府、企业、银行等金融机构的力量，来进行文化金融产品和服务的创新。在规划中，其主要任务是加快建设文化创意产业信贷、担保、产权交易、投融资等金融服务平台；引导不同所有制形式的金融资本积极探索包括版权质押、风险投资、股权投资等在内的多种文化金融服务方案；建立健全文化创意产业金融评估体系和诚信体系等配套措施；构建支持北京市文化创意产业发展的金融运转体系。

“功能区”的规划，可以说是北京市对文化创意“产业集群”效应的一次新的探索。随着现代信息技术的发展，以及产业生态的创新，“空间集聚”已经不成为“产业集聚”的唯一手段。那么，在新时期，在政府调控层面上，北京市文化创意产业发展的重力点，在于“要素集聚”、“功能支撑”，在于创造“政策空间”，实现“有机融合”。

（熊澄宇，清华大学国家文化产业研究中心教授）

第十二章
关于规划建设文化创意产业功能区的思考

当前，首都文化创意产业发展面临新的机遇和挑战。习近平总书记视察北京时进一步明确了北京“四个中心”的城市战略定位，为强化首都文化中心功能，推进文化创意产业快速发展开辟了广阔空间。新时期，如何进一步强化首都文化中心功能，优化文化创意资源配置，促进区域错位发展，推动文化集成创新，引领文化创意产业发展，是重要的现实课题。

一、文化创意产业功能区发展战略的提出及其现实意义

（一）新阶段文化创意产业发展面临的形势和主要任务

自2004年以来，北京市文化创意产业年均增速达到17.3%，已经发展成为首都重要的支柱性产业。2013年，全市文化创意产业增加值达到2406.7亿元，占全市地区生产总值的比重为12.3%。伴随文化创意产业快速发展，全市范围内涌现了一批有实力、有特色的文化创意产业集聚区。特别是在东城、西城、朝阳、海淀等城市核心区和城市功能区拓展区，文化创意产业集聚区发展较为成熟，产业集群较为完善，整体上呈现了规模化发展的良好态势。但是，从北京发展实际来看，全市文化创意产业初具规模，但集约化程度不够、专业化水平不高、行业及区域发展不平衡、项目和园区重复建设等问题较为突出。一些文化创意产业集聚区“有形无

神、集而不聚”，未能发挥应有的引领和辐射带动作用。为破解这些难题，必须加强全市统筹，优化产业布局，加快培育壮大产业集群以引领产业健康发展。

（二）发达国家推动文化创意产业集群发展的模式借鉴

世界各发达国家和地区都高度重视文化创意产业发展，随着产业规模不断壮大，集群化发展趋势日益凸显。比如美国政府通过制定税收优惠政策、加强版权保护、放松媒体产业规制、完善担保融资渠道等举措，在好莱坞电影城培育壮大了一大批集电影制作、有线电视网络、国际新闻出版网络、互联网于一身的跨国横向媒体巨头，形成完整的电影相关产业集群，并呈现出电影与金融、工业和商业融合发展的特点。英国伦敦西区是与纽约百老汇齐名的世界两大戏剧中心之一，政府通过资助剧院，推动剧院错层发展，鼓励多样化经营，在伦敦西区不足 1 平方英里的夏夫茨伯里和黑马克两个街区集聚了 49 家剧院（占英国全国总数一半），汇集数以百计的音乐制作、影视制作、广告、摄影、设计公司以及著名的酒吧、书店、杂志社、餐厅、休闲娱乐场所，构成了一个以戏剧表演业、休闲娱乐业为主体的，产业结构紧密的创意产业集群。德国政府通过资金支持汉诺威博览中心场馆建设，完善基础设施配套，推动国际化发展战略，集聚巨型展厅 24 个，每年吸引展商约 3 万家，吸引 250 余万人次前往观展。

（三）建好集群发展承载区（功能区）的重要意义

从国际经验来看，提升文化创意产业规模化、集约化、专业化水平的最有效途径是着力培育和壮大产业集群。作为产业集群承载区，不同于自发形成的文化创意产业集聚区，应是基于集约化、差异化发展原则，通过科学的规划引导，集成生产主体、生产要素、主导产业、政策环境，产业链、供应链、服务链协同发展，对整个产业形成引领和辐射带动的高端城市经济功能区域。从兄弟省市做法看，一些省市正积极探索建设文化创意产业功能区，推动产业集群发展。比如重庆市，通过统一规划建设投资少、适用性高的平民剧场，强化剧场建设与城市综合业态的统筹配套、有机融合，着力打造重庆演艺功能区。从北京市相关产业的发展实践来看，目前六大高端经济功能区均已成为产业集群集中区域，充分发挥了引领和辐射作用，是全市经济发展的强大引擎。通过比较借鉴不难看出，规划建设一批文化创意产业功能区域，着力培育和壮大产业集群，对于推动全市文化创意产业又好又快发展具有重要的战略意义。

二、文化创意产业功能区的基本内涵和主要特征初探

（一）我国城市功能区的主要类型

与西方国家不同，我国区域规划实践中所指的功能区主要涉及两类区域：一是因区位、要素相似性或相对一致性，在规划中定位成同种开发或发展类型的区域，区域经济学中称之为“均质区”，例如主体功能区和城市总体规划次区域，均为按照一定的开发强度和发展原则而确定其特殊定位的“均质区”。二是承载相关运行功能的空间载体，区域经济学中“功能区域”（functional regions）的简称，是指有一定的功能内聚性，各组成部分相互依存、相互作用的空间单元，如商务中心区（CBD）等功能区，它们是整个区域有机体中能够实现相关资源空间聚集、有效发挥某种特定功能的地域空间，是实现经济社会各类职能的重要空间载体。简而言之，当探讨区域开发合规性时，功能定位是主要的规划建设依据。而在优化空间资源配置、推动集约发展、提升发展水平的具体工作中，着眼点是相应的功能承载区域。结合北京文化创意产业发展实际，本文主要分析探讨后者相关的理论和实践问题。

（二）关于文化创意产业功能区的基本内涵

参考区域经济学理论，借鉴北京市“六高四新”发展经验，笔者认为，文化创意产业功能区应是根据区域文化发展基础、经济发展特色、资源环境承载能力以及在不同层次区域中的战略地位，对区域功能定位、产业导向和发展模式加以确定的类型区，主要突出区域对文化创意产业发展的总体要求。在规划建设过程中，文化创意产业功能区的类型、边界和范

围在较长时期内应保持稳定，但可以随着区域发展基础、资源环境承载能力以及在不同层次区域中的战略地位等因素发生变化而调整。文化创意产业功能区一般都有特定的主导产业，是政策集成空间，是文化发展的高地，通常表现为文化特色突出、政策优势明显、经济活动活跃、生产要素控制能力和引领发展能力较强。在现代城市体系中，一个卓越的文化创意产业功能区不仅是本区域的发展引擎，而且在整个城市乃至周边城市圈的产业分工中扮演主角，甚至跻身为全球化创新网络及经济发展链条的重要节点。

（三）关于文化创意产业功能区的主要特征

本文所探讨的文化创意产业功能区是文化创意产业集群发展的功能承载区域，功能属性是功能区的本质属性，具体体现的是某个特定区域所处的地位或扮演的角色，是划分功能区类别的主要依据。从规划角度看，文化创意产业功能区应不同于单一的行政区划和自然区划，而是根据区域资源特色、环境承载能力、现有开发密度和发展潜力，统筹考虑人口分布、产业布局、土地利用和城镇化格局，将具有特色文化创意产业优势的区域划分为不同类型的空间单元，并把这些分布在不同行政区的同类型空间单元进行统筹规划的产业发展区。文化创意产业功能区应主要具有以下几个方面的特征：

一是基础性特征。文化创意产业功能区是基于国土空间的资源禀赋、环境容量、现有开发强度、未来发展潜力等因素对于空间开发的分工定位和布局，是宏观层面制定文化创意产业发展战略和规划的基础，也是微观层面进行项目布局、城镇建设和人口分布的基础。

二是综合性特征。文化创意产业功能区规划既要考虑资源环境承载能力等自然要素，又要考虑现有开发密度、发展潜力等经济要素，同时还要考虑已有的行政辖区的存在，是对于自然、经济、社会、文化等因素的综合考虑。

三是战略性特征。文化创意产业功能区规划建设事关文化创意产业的长远发展，区域的文化创意产业功能定位在长时期内应保持稳定，应是一个一经确定就会长期发挥作用的战略性举措。

三、文化创意产业功能区的形成机制与演变规律分析

综观城市发展历程，城市功能区因类型不同，在形成模式和动力机制上存在一定的差异，并呈现阶段性特点。基于对文化创意产业功能区内涵和特征的思考，为进一步明确文化创意产业功能区在未来发展的定位和规划建设重点，有必要深入分析影响文化创意产业功能区形成和演化的作用机制和发展规律。

（一）文化创意产业功能区的形成机制

产业空间布局的作用力来自于发展规律、政府作为或多种因素的综合影响。因此，文化创意产业功能区的形成，可能存在以下几种机制。

一是市场创造机制。这种机制的作用力主要源于市场需求而导致的城市经济结构转变和空间布局的自发调整。即文化创意产业功能区的产生、变化和发展取决于市场的发展，市场对于文化创意产业的需求导致产业的扩张，政府政策也随之发生变化，从而催生了具有产业聚集效应的功能区。这种机制的前提是区域经济范围内已经形成了专业化的市场，可以为文化创意产业企业提供一系列成熟稳定的交易条件和信息。市场创造机制下，功能区自身的传统区位优势、文化底蕴、历史积累等是功能区发展的重要依赖因素，也是初始路径形成和确立的关键所在。

二是政府引导机制。政府引导机制是一种供给导向型的产业集聚模式，这种模式的发生大多由于产业体系本身尚不完备，暂时不具备依靠循序渐进式的经济发展来完善产业体系的时间和空间，需要依靠政府的力量来加快产业升级。在政府引导机制下，规划实施、政策吸引、要素和人才集聚、重大事件等是推动文化创意产业功能区发展的重要因素。充分把握内外部发展环境变化，确立功能区的发展路径，通过政府的积极作为，在区域竞争中占据先机是政府引导机制的关键所在。

三是混合模式。文化创意产业功能区的形成是发展积累和产业政策推动共同作用的结果。这一模式在发展初期，依赖于特色产业的领先优势和历史地位等因素主导功能区发展路径的形成。在后期发展中，产业准入和引导政策对功能区进一步聚集特色产业资源、加速特色产业集群的形成发挥了重要作用。

（二）文化创意产业功能区的阶段性演变规律

尽管不同类型的文化创意产业功能区具有不同的形成机制，但从总体来看，文化创意产业功能区的形成和发展仍有一定的规律可循。通过研究一般产业功能区的发展规律，结合文化创意产业功能区的特殊性，笔者认为文化创意产业功能区发展演变一般会经过以下几个阶段。

资源集聚阶段。无论形成机制如何，文化创意产业功能区都需要经历资源集聚的初始阶段。这一阶段的典型特征是具有相同产业形态的文化创意企业在一定地理空间内集聚，形成功能相近的若干个特色集聚区，共同构成特色功能区的雏形。功能区内以个体经营者和中小型企业为主，彼此间的经济联系松散，具有产业综合体的初级形态。文化创意产业功能区在这一阶段主要以粗放式发展方式为主，主要功能是集聚创意要素，培育创意生产力，服务创意者的生产需求，孵化新型创意企业，目的是通过功能集中、集聚效应促进创意产出，形成规模化的创意产能。

政策引导阶段。经过特色资源集聚形成文化创意产业功能区初步形态后，就需要政府利用政策工具对文化创意产业功能区进行统筹和引导，推动产业健康发展。在这一阶段，要通过政府的积极作为，促进文化创意产业功能区的特色化、差异化和错位发展。要凸显政策规划的导向作用，推动文化创意产业布局优化和竞争力提升，使整个区域内的文化创意产业健康有序发展。同时，要通过规范性的制度建设，增强文化创意产业功能区在资源配置、企业吸引、技术创新、龙头企业培育、文化品牌塑造等方面的服务功能。

极化发展阶段。“极化发展”的内涵是“集中”、“集聚”和“集约”，实现经济发展的“要素集中”、“结构优化”和“功能提升”。通过非均衡的“极化发展”，不但能够集中相当部分的优质资源，也能培育起一批特色优势产业，成为区域经济发展的重要支撑，并引领区域品牌化发展。在市场和政府的双重作用下，文化创意产业功能区的产业特色会越来越突出，逐渐形成区域文化创意品牌。在此过程中，不符合功能定位的其他业态的发展空间将被压缩，进一步凸显特色文化创意产业的优势地位，形成极化发展格局。

泛化延伸阶段。“极化发展”并不是文化创意产业功能区发展的最终目的。笔者认为，文化创意产业功能区的使命在于引领产业健康发展，对区域外部形成溢出、辐射、牵引和带动，即文化创意产业功能区的“泛化延伸”效应。“泛化延伸”的内涵是“外溢”、“扩散”和“拓展”，借以实现经济发展的“功能延伸”、“规模扩张”和“总量增加”。文化创意产业功能区从“极化发展”到“泛化延伸”是区域经济发展的必然趋势，随着各种资源要素向文化创意产业功能区的集聚，功能区内的土地、交通、环境成本将对要素集聚产生离心力，经济效率会呈现下降趋势。这种情形下，功能区的资源“泛化”和功能“延伸”是发展规律作用下的必然抉择。泛化延伸标志着文化创意产业功能区发展进入成熟阶段。

四、北京文化创意产业功能区规划建设需要理顺的五个关系

文化创意产业功能区既是空间载体，又是产业发展龙头，因此在规划建设过程中可能面临空间布局、资源统筹、产业协调等问题，建议重点理顺以下几个方面的关系。

（一）文化创意产业功能区规划与城市区域功能定位之间的关系

北京文化创意产业功能区的规划建设，必须与城市区域功能定位相统一，与区域的特色资源优势相结合。《北京城市总体规划（2004—2020年）》从北京城市发展定位出发，结合各区县的资源特点，将全市区域划分为首都功能核心区、城市功能拓展区、城市发展新区和生态涵养发展区

四类功能区，不同区域功能定位对于文化创意产业发展具有不同要求，而文化创意产业功能区的规划建设也将对城市区域功能定位的深化产生深远的影响。

首都功能核心区包括东城、西城 2 个区，该区域集中体现北京作为我国政治、文化中心功能，集中展现古都特色，是首都功能及“四个服务”的最主要载体，因此在文化创意产业功能区规划中，必须突出文化创意产业对该区域传统文化的提升作用，重点布局以传统文化演艺、文化休闲和文化体验为主的产业形态。

城市功能拓展区包括朝阳、海淀、丰台、石景山 4 个区，该区域涵盖中关村科技园区核心区、奥林匹克中心区、北京商务中心区等重要板块，是体现北京现代经济与国际交往功能的重要区域。因此，在文化创意功能区规划中，必须突出该区域高端产业的引领带动作用。重点规划布局文化科技、动漫网游、新媒体、时尚创意等为主的新兴业态。

城市发展新区包括通州、顺义、大兴、昌平、房山 5 个区和亦庄开发区，该区域涵盖通州、顺义、亦庄三个重点新城，平原面积广阔，具有良好的自然环境、资源条件和得天独厚的区位优势，是北京疏散城市中心区产业与人口的重要区域。因此，在文化创意产业功能区规划中，必须突出文化创意产业对该区域人口吸引、就业拉动的作用，并能够充分利用新城的产业空间优势。重点规划布局大型节庆、创意会展、传媒出版、主题公园等具有人口聚集效应的产业形态。

生态涵养发展区包括门头沟、平谷、怀柔、密云、延庆 5 个区县，该区域大多处于山区或浅山区，山区占辖区面积均在 62% 以上，是北京的生态屏障和水源保护地，是保证北京可持续发展的关键区域。在文化创意产业功能区规划中，必须突出文化创意产业对该区域生态效益的保全和文化资源价值的挖掘。重点规划布局文化生态旅游、民俗体验、休闲娱乐、品牌节庆等能够充分开发自然、生态和人文资源价值的产业形态。

（二）文化创意产业功能区建设与行政区划管理之间的关系

文化创意产业功能区是以产业功能为导向的空间载体，以产业的功能集聚作为范围界定、政策实施的依据。由于历史原因，文化创意产业集群可能分布在多个片区，文化创意产业功能区可能会突破传统行政区划的界限，呈现“一区多点”的格局。因此在规划实施、政策落实、项目推动、公共服务等方面势必会出现多个行政单位管辖的现象，如何处理好功能区多头管理问题，是推动文化创意产业功能区健康发展的重要课题。

在促进产业发展层面，文化创意产业功能区在本质上是一个政策区域，其健康发展与科学合理的政策配套密切相关。文化创意产业功能区的统筹管理部门应站在全市层面主导产业政策的落实，结合不同文化创意功能区的特点实施分类指导，按照“一区多点、政策覆盖”的原则推行“一区一策”政策。要将功能区个性化政策直接作用于功能区企业，推动产业政策的“扁平化”创新，切实改变传统的政令层层下发、逐层执行的低效模式，提高政策的针对性和时效性，使全市文化创意产业在功能区模式下高效、集约、有序发展。

在行政管理层面，由于文化创意产业功能区的跨区域特征，同一区县可能多个功能区并存，这就要求每个区县需要按照文化创意产业功能区的规划布局情况，对所在行政区划内的功能区进行整合，设立专门机构或通过增加现有机构职能实现对功能区行政事务的统筹管理，工商、税务等部门则根据不同功能区的特点协调做好政策落实工作。各区县将辖区内文化创意产业功能区的产业统计、企业监测等信息汇总报送至统筹管理部门，由统筹管理部门对所有区县功能区信息进行分类整合，即可实现对全市文化创意产业功能区的监测和分析，并以此作为政策制定及调整依据。

（三）文化创意产业功能区建设与文化创意集聚区发展之间的关系

文化创意产业集聚区是文化创意产业发展初期的亮点，北京从2006年开始分四批认定了30家市级文化创意产业集聚区，对产业的集聚发展起到了积极的示范推动作用。但是，由于种种原因，北京市不少文化创意产业集聚区还存在重复建设、同质竞争、规模效益不佳、辐射带动能力弱、土地利用不集约等突出问题，亟待从市级层面统筹整合和优化提升。

规划建设文化创意产业功能区不否定文化创意产业集聚区的存在，而应是按照专业化、规模化和品牌化的发展理念对文化创意产业集聚区的继承、发展和提升。文化创意产业功能区作为新时期的创新发展战略，是推动文化创意产业集聚区转型升级的解决方案，要将文化创意产业集聚区纳入文化创意产业功能区的重要载体，在功能区统筹下实现健康有序发展。未来，北京市规划建设的文化创意产业功能区，应当覆盖全市主要的文化创意产业集聚区，整合功能相近的其他片区，着力推动产业链、供应链、服务链建设，大力培育壮大产业集群，形成集群发展、健康发展的新局面。在这种情况下，文化创意产业集聚区的发展已经不是孤立的发展，而是要在文化创意产业功能区的框架下，重新定位自身的发展特色，避免同质竞争和重复建设，从而实现区域差异化发展。

（四）各文化创意产业功能区相互之间协调发展的关系

北京市规划建设文化创意产业功能区应当把握文化创意产业发展的特点。要突出科技、金融融合发展的主题主线，统筹传统和新兴产业并推动9大行业协调发展。由于不同文化创意产业功能区的发展定位必将深化功能区的特色资源优势，同时客观上压缩其他行业的发展空间，造成内部行业发展不平均。因此必须正确认识并处理好各文化创意产业功能区之间的关系，在保证各功能区按照自身定位错位发展的同时，能够互相做好产业承接，推动优势产业集中，实现各功能区协调发展。

从北京市目前文化创意产业发展的实际情况来看，大多数集聚区和产业相对集中区域的特色产业并非单一的业态，在“一区一策”导向下，非特色产业获得的政策资源相对较少。因而需要站在全市文化创意产业发展的高度，一方面要不断增强各功能区的特色产业集聚能力，促使特色产业根据发展定位向相关功能区集中；另一方面各类功能区之间要建立产业承接关系，实现产业发展的分工协作、优势互补、相互促进和协调发展。

（五）文化创意产业功能区建设中政府与市场之间的关系

规划建设文化创意产业功能区是一项具有前瞻性、全局性和长期性的发展战略，政府作为战略的制定者、执行者和监督者，其影响力无疑是十分强势的。而经济规律中，区域资源配置的决定性因素是市场。要形成一个有利于文化创意产业功能区健康发展的长效机制，需要处理好政府与市场的关系，发挥两者的合力。

首先，要正确发挥政府的引导作用。在推进文化创意产业功能区的规划与建设过程中，政府要运用科学的方法选择合理的行政区域作为文化创意产业功能区规划的空间单元。通过编制实施文化创意产业功能区建设发展规划，衔接和协调好各类规划并确立功能区引领发展的龙头地位。发挥规划的空间指导和约束功能，促进人口、经济、资源、环境的空间均衡，形成合理的空间开发结构。制定完善功能区发展专项政策，通过分类引导，使功能区之间的互补性、协调性显著增强，区域特色更加突出。总之，为确保功能区乃至整个文化创意产业健康有序发展，政府的协调与管理职能责无旁贷，都需要发挥好政府的引导作用。

其次，要充分发挥市场的决定性作用。无论政府实施什么样的发展战略，前提都必须正确认识和把握经济发展规律，都必须处理好与市场的关系。市场在资源配置中起决定性作用，功能区的经济发展、产业优化升级、创意环境营造等都是市场行为，是市场选择的结果而不是政府的安排。在市场的作用下，文化创意产业功能区不可能完全按照政府规划的路径和目标发展，文化创意产业功能区的定位、范围、发展目标以及政策导向都需要根据市场变化进行适当调整，才能使功能区能够适应新的发展形势。因此，政府需要做的是在尊重市场选择的基础上，不断完善制度建设，构建动态保障机制和监督机制，适时调整文创功能区战略规划，推动功能区可持续发展。

（陈伟，北京市国有文化资产监督管理办公室规划发展处处长）

第十三章 北京文化创意产业的区位选择与空间布局

创意产业是发达国家进入后工业社会，完成了产业转移和结构调整后在城市出现的一种新经济形态，文化经济发展成为城市竞争力提高和可持续发展的"推进器"与新引擎。在我国，文化创意产业正成为金融危机后转变经济发展方式和实现城市可持续发展的有效途径，而且作为一种区域经济动力，依托创意产业的发展还改造了城市既有的空间结构，形成了新的空间布局，创意产业发展的宏观区位选择和微观区位调整逐步和谐互动，一种新型魅力创意城市逐步形成。

一、产业转型因素促成城市发展典范转移

创意产业作为一种国际性的新兴产业，随着一些发达国家城市复兴和产业升级的大背景和发展态势，获得了蓬勃发展。全球化趋势的深化使得全球的信息流、资金流、人才流空前频繁流动，资源配置和产业链分工已不可能局限在单一民族国家内，环境促使不同国家发展经济必须利用国内、国际两个环境和两种资源。作为全国率先进入发达地区行列的区域，北京市在经济战略转型过程中必须参与国际高端产业的国际竞争，因此提出发展文化创意产业。这是在世界经济趋势的判断和把握中做出的前瞻性和战略性的抉择，作为国家首都，北京市探索在世界城市版图中的身份和位置，明确未来发展的战略选择。

从国际经验来看，发达国家经济中心城市的产业结构在20世纪60—70年代已经建立起以第三产业为主的新型产业结构体系，其产业结构演变的一个基本特点是由低到高的不可逆性，纽约、伦敦等城市的复兴计划要点都是推动第三产业内部结构的优化升级。而北京市从“九五”以来的结构调整目标也因为文化创意产业的强力推动而获得了转型。到2012年，北京GDP达到17801亿元，比上年增长7.8%。人均GDP也达到13797美元。人均GDP突破1.1万美元后，将进入发达阶段。人们会产生更高层次的精神文化消费需求，消费结构升级也为创意产业发展提供了成长的空间。从以往看重有形物质产品生产和制造的阶段转入更加注重精神感受的舒适和心理满足的无形环境塑造和产品服务供给的阶段，软性指标的评价将更加重要。

总之，北京市发展文化创意产业，既考虑了文化创意产业与首都历史文化名城身份相适应，也凸现了文化产业发展中“核心创意”的价值，强化科技引领组织形式变革将成为北京文化创意产业发展的最大推动力。文化创意产业发展突破了原有的行业壁垒、部门壁垒，打破了条块分割的瓶颈，冲击着传统行政管理中的分隔管理的问题，动员了众多行业投入创新型城市组织建设，在传统体制机制下赋予管理机制以活力和灵活性。围绕文化创意产业发展，不论是决策酝酿，还是政策推动以至各种扶持优惠举措的实施、具体优先发展的产业类型等不同的问题，都充分发挥了政府部门、科研机构、社会力量等群体和整合的力量，推动了整个产业的发展。

二、文化创意产业助力世界城市的定位塑型

早在“九五”时期北京市就具有了发展文化产业的战略思路，但还没有走向一种与城市定位紧密融合的经济文化社会发展战略系统。2005年1月27日，国务院批复了《北京城市总体规划（2004—2020年）》，北京城市发展的目标定位在四个方面：国家首都、世界城市、文化名城和宜居城市。由此带来对北京的城市空间布局做出重大调整，改变了原来单中心发展结构，构建“两轴—两带—多中心”的新城市空间格局，通过对城市空

间结构的调整解决中心城区过度聚集带来的诸多问题，促进北京城市综合竞争力的提高，并且保持城市发展同资源环境的协调，对城区生产力布局和不同地区的城市功能分工都体现出了新的内在约束。

创意产业因其附加值高、不污染环境、可持续发展等特点得到政府的大力支持，在都市中蓬勃发展。政府扶持创意产业，一方面是出于经济的目的，倡导一种可持续性的增长模式填补由于工业退出而产生的“产业空心化现象”；另一方面则由于文化艺术家们的存在丰富城市文化，使城市的精神文化层面具有多元性，城市个性形象也更加鲜明，成为吸引人的一个重要文化符号。因此，世界各国都以产业战略的高度来推进创意产业的发展。北京大力发展文化创意产业既让北京大文化优势转化成了经济优势，也解决了传统工业产业转移后的城市空心问题，意义巨大。

此外，产业结构的升级是城市更新的推动力，因为产业转移而带来的城市更新为创意产业发展提供了成长的空间，文化资源的利用和产业布局成为城市竞争力的一个重要指标，以往被忽略的文化因素在城市发展中的价值地位逐渐为人们所认识，不仅过去工业时代制造业主体的空间会获得新生，而且整个城市空间结构都可能会被打破。随着城市中心区的价值成本升高，许多工业企业从市区迁往郊区，因此遗留下来的大批工业建筑，在传统产业外迁后仍能保持较好的结构形态。因此，这些建筑遗产天然地成为以创意为核心的创意产业的肥沃土壤。创意产业在老工业区的聚集发展将工业区转化为文化区，带动了本地区经济发展和文化复兴。文化资源的利用和产业振兴带来了城市空间结构的变化，物理空间和文化创意产业良性互动，同时文化创意产业的发展更是直接带来城市新形象生命的变革。

三、文化创意产业集聚绘出城市空间新布局

世界城市一定是世界的一个创意之都，管理制度、组织形式、产业发展、生活环境等，处处体现出了创新的灵魂，发展文化创意产业是北京建设世界城市的必要步骤。欧洲最具知名度的文化创意咨询机构创始人查尔斯·兰德力认为，“过去十五年来，无数城市已经发生戏剧性转变，而中

国城市的崛起，更是这场蜕变的象征。各地大大小小的城市，都面临着主要因全球化卷土重来的活力浪潮的冲击和世界性城市位次的大调整而导致的脱胎换骨期。……如今城市利用自身有形的硬性资产和无形的软性资产来相互竞争，同时适时地对他们加以协调，但很少有城市了解这点。”北京市的文化战略决策就是站在全球竞争的制高点上，以发展创意产业和建设创意之都的策略逐步实现具有竞争力的世界城市目标。

北京市借助发展文化创意产业的新战略，明确提出了发展的远景目标、具体的产业布局，梳理了北京的文化积累和优势产业门类，以一种新的文化发展观念创造性地改造传统地区，使一些传统地区因新型文化创意产业内容的加入而焕发新的光彩，改变了原有的城市空间结构布局，因文化创意产业发展而让北京文化特色与风貌更加凸显。

其中，文化产业园区建设和传统地区的文化内容改造，赋予了老城区新的活力，也成为形成城市空间结构新格局的主要体现。北京市在发展文化产业探索中，“十五”期间就已经开始建设文化产业园区，但还停留在工业园区和高科技产业园区建设的惯性思维和传统路径下，对文化产业自身规律和培育孵化文化经济的独特性没有认识清楚。文化产业园区建设以及后来因自发集聚获得政府认定授牌的文化创意产业集聚区，改变、再造了城市的空间格局，文化创意产业集聚发展与原有文化生态环境、人们的生活方式很好地结合了起来，逐步凸显了北京市文化创意产业的区域特色与城市魅力。

目前我国文化创意产业还处在发展的上升期，以北京、上海为代表的东部国际化大城市的文化创意产业肩负着建设创新型国家、参与下一轮国际竞争的重任，具备了与中等发达国家竞争的基础与实力，在国内文化产业发展和管理机制创新上走在前列，区域特色正在逐步形成中。北京文化创意产业打破了地域（区域）的界线，全市各区（县）都将文化创意产业放在本区工作的重要位置上来予以规划，并根据区县实际，寻找和创建发展重点和产业特色，构建了具有竞争优势的产业集聚区。全市统一规划，形成了区县各具特色又错位竞争的局面。不同的文化创意产业集聚区，扩大了首都北京的国际影响力和文化形象，文化软实力得到了前所未有的提升，有的文化创意产业集聚区甚至成为一个新的景观区，城市的布局和空间结构也在产业的集聚过程中得到优化和提升。最典型的莫过于高碑店的古典家具和民俗文化旅游区以及798艺术区。

位于酒仙桥大山子的798艺术区的前身是几个生产无线电产品的旧厂房，是工业文明时代的遗存物，因为北京市的产业结构调整与产业转型而逐渐衰落，一度被要拆除的命运笼罩。发展创意产业给予了这个区域以新的生命和活力，成为国际世界了解认识中国文化的一个重要窗口。工业类历史建筑是城市文明进程的见证者，但在城市更新中若将其作为文物进行原样保护，既不现实也不利于文物多重价值的实现。在此地落户的设计师们为了扩大作品的影响力和知名度，经常自发地举行各种发布会和展览活动，区内的文化、商业氛围越来越浓厚，甚至名牌产品专卖店也在这里安家落户，原来荒芜的工业区因此而充满人气，地价也因此而上升，当地的经济状况也由衰败走向复苏，城市价值因为文化创意产业的发展带动而获得提升，2012年798艺术区成为境外游客来京旅游的首选旅游地，仅798艺术节就迎来70余万人次的旅客数量，它已经成为北京市的一个重要旅游目的地，成为文化北京的名片和载体及走向世界的窗口。

四、世界创意之都建设的系统支撑

北京市要实现“十一五”文化创意产业发展规划、创建全国文化创意产业中心城市，甚或更长远的世界创意都会的宏伟目标蓝图，就要结合城市定位和文化创意产业的实践来规划筹策，比照国际经验和标准逐步完善。

首先，建设世界创意之都或创意城市，必须满足很多发展的指标与条件，不仅仅在发展创意产业一途。目前，创意经济在现代城市经济中的崛起，使许多世界性城市将创意城市作为未来的发展目标。国际著名创意城市的发展呈现出诸多鲜明的特点，这对我国发展创意城市有着十分重要的启示，几乎所有的国际性大都市都将创意城市作为未来城市的发展目标。

伦敦2003年提出要维护和增强伦敦作为“世界卓越的创意和文化中心”的声誉，成为世界级创意城市，并指出伦敦的目标主要体现在4个方面：一是卓越性，即增强伦敦作为世界一流创意城市的地位；二是创新性，即把创新作为推动伦敦成功的核心；三是可参与性；四是效益性。新加坡早在1998年就将创意产业确定为21世纪新加坡的战略性产业，将城市发展目标确立为“新亚洲创意中心”、“一个文艺复兴的城市”、“全球文化和设计业的中心”。由此可见，发展创意经济、建设创意城市必将成为创意经济时代的趋势，并且与创意产业和文化经济的发展关联密切。国内学者盛垒和杜德斌也就国际著名创意城市提出了一些标准：（1）发达的创意产业；（2）密集的创意阶层；（3）强大的技术创新能力；（4）宽松开放的创意氛围；（5）众多知名的大学；（6）高效的知识产权保护体系；（7）完善的制度结构。

客观来说，北京市要打造创意之都就必须关注这些国际通行的评价指标，在发展创意产业的过程中逐步完善。正如美国学者弗罗里达在《创意经济》一书的观点，创意阶层的崛起是“世界磁石城市”的基石，没有创意人才就不可能有创意产业，更不可能产生创意城市，他据此提出了三T标准。在创意时代，形成一个具有多样性、宽容性和拥有创意氛围和环境的城市才能够吸引更多的创意人才，促进城市的经济繁荣和增长，这显得尤为重要。世界性创意城市建设，需要一整套的城市发展策略，是一个系统性的工程。

其次，实现文化创意产业发展，塑造城市文化符号的认同和推广过程中，文化政策支撑是最重要的条件。一个城市发展不仅有目标，产业的跟进才能够奠定坚实基础。在北京第十一次党代会上，北京明确了未来五年的发展战略，开启了全力推动首都科学发展、努力建设中国特色世界城市的新航程。究竟怎样的城市是“世界城市”，这和我们着力打造的创意之都有着怎样的关联，保持二者之间的互动必须要有畅通的机制和渠道作为支撑。

世界城市具有国际大都市的高端形态，对全球的经济、政治、文化等方面具有重要的影响力。目前公认的世界城市有纽约、伦敦、东京。其具体特征表现为国际金融中心、决策控制中心、国际活动聚集地、信息发布中心和高端人才聚集中心 5 个方面，并具备以下 6 个支撑条件：一是一定的经济规模；二是经济高度服务化，聚集世界高端企业总部；三是区域经济合作紧密；四是国际交通便利；五是科技教育发达；六是生活居住条件优越。

实际上，文化影响力和高度发达的教育、科技，都要依托于文化的原创与积累。在中国的现实条件下，从已经进行文化创意产业发展的地区来看，只有北京市拥有这个条件，北京将责无旁贷地扮演着中国创意之都的历史使命和现实责任。最近这些年，北京市不断进行政府管理创新，文化经济政策逐步完善，已经全面从金融、财政、税收领域入手切实培育文化产业，加快文化经济法规体系建设，政策创新的力度和成效很大，这些政策保障了文化创意产业的大发展，且大有引领示范全国之效。

最后，要壮大北京市文化经济的国际化影响力，扩大城市文化资本实力和国际影响力，把北京创造的文化产品输出到西方主流文化市场。文化创意产业的发展模糊了各种文化类型之间的界限，传统文化、精英文化、主导文化、民间文化、大众文化构成了一国文化整体格局的不同要素。文化创意产业也不断模糊着世界各国之间的文化边界，但能够转化为产业的文化资源却依赖于科技、创意、资本等现代产业经济的重要元素，按照产业化的形态发展，都成为文化创意产业成长的关键。中国文化创意产品和服务在世界上广为接受的未来远景的实现，才是创意之都得以完美转身的时刻，因此强力推动文化产品和服务贸易，在很长时期内都将是文化经济部门的重要任务，也是世界创意之都建设的必要过程。

（高宏存，国家行政学院社会和文化部副教授；梁晨，中国传媒大学硕士研究生）

第十四章
文化创意产业集群形成的影响因素分析

文化创意产业及其相关产业在城市的某些地方（例如在艺术场所、科学园或媒体中心附近）集聚，使文化企业、各种机构以及创意个人实现良性互动，突出了区域的专业功能性，形成了具有规模效益和品牌效益的产业集群。文化创意产业集群的形成受到多种因素的影响，这些因素可以归结为：具有决定作用的创意资本因素、具有必要作用的创意环境因素和具有引导作用的制度资本因素。

一、创意资本因素

创意资本指的是一系列要素的集合，这些要素能够让人和组织具有创意，这些要素主要包括人才、网络和创新。人力资本是以高流动性的知识密集为特征的文化创意产业集群形成的重要因素，人力资本的流动性高，有助于社会的文化交流、技术转移和知识的流通，促进产业分工不断细化，产生依托专业功能进行集聚的新趋势。网络作为创意资本的第二个因素，代表着知识经济的组织原则，是文化创意产业集群内部信息交流以及与外部进行沟通的最有效方式，也是集群实现跨地域功能集聚的重要前提。而创新是文化创意产业生存的灵魂，没有创新，文化创意产业根本就无从提起。

（一）人才要素

20 世纪 50 年代，经济学家舒尔茨最早提出了人力资本的概念，今天，这一概念已经得到了广泛的认同。按照经典的区位理论，资源是决定产业区位的基本因素。对于知识密集型产业来说，它使用的资源是人力资源，这种资源需求直接导致了知识密集型产业在人力资源丰富的地区聚集。人力资本的流动，能够反映不同的社会状况对文化交流、技术与知识交流的影响，人力资本质量的提升对集体创意增长有很大贡献。

知识密集型产业大多聚集在人力资源密集区，导致集群发展与人力资本的关系十分密切：一方面，大学和科研院所为产业集群提供大量丰富稳定的高级研究和管理人才，以及大量的创新成果，在供给上的便利大大降低了企业自身的运行成本；另一方面，产业聚集还降低了人们寻求工作与机会的搜索成本，享有流动寻求工作的种种便利。在技术复杂的高技术行业，人力资本的这种指向性明显，因此他们倾向于在专业化区域聚集。这两个因素使得产业和人力资本双赢，因此知识密集型产业例如高技术产业聚集趋向甚至创造人力资源密集区。

（二）网络要素

网络作为创意资本的第二个因素，代表着知识经济的组织原则。作为一种全新的经济形态，创意产业是科技大发展时代的信息化与创意高度交融的产物，信息科技是文化创作和传播的主要载体以及支撑创意产业发展的根本动力。在创意产业中，软件产业、通讯服务、信息服务、数字娱乐、移动网络服务是属于“高科技服务业”，是基于信息化技术的。

信息化技术产生的网络能够对文化创意产业的整个产业链发挥作用。在创意产业价值链的最前端，是创作者无形的创意构思和创意灵感，通过进一步的创作转化为依附于相应载体得以表现的创意作品，再经一定规模的复制、生产最终成为创意产品或服务，通过信息化的手段与技术得以在市场上进行传播与交换，并最终作为消费品为消费者体验和使用。在这一价值链增值的过程中，通过信息化的手段，文化创意产业集群也在形成。

复制、生产、传播、销售及使用、消费、体验相继展开，并相应地表现为创意理念、创意作品、创意产品（服务）和创意商品等不同形态，形成一个相对完整的产业集群。

现在信息化对于人力资源的影响力越来越大，这不仅仅表现在信息化对于企业外部人力资源的影响。通过大的网络，可以进行全国的甚至是全球的人才交流。这种交流对于企业吸收新的思想从而进行发展是非常有帮助的。而在企业内部，信息化的人力资源管理则是现代人力资源管理的一个重大突破，信息化人力资源管理作为一种基于网络结构的全员信息系统，其一大功能优势就是缩短了各级员工的反馈时间，开辟了更加丰富的沟通渠道，员工可以不拘泥于公司传统的层级制度，可跨部门、跨级别表达和传递各种思想。这种技术特点，最终转变了企业的管理模式和组织结构，促进了组织机构的扁平化，企业的反应也更加灵敏。

（三）创新要素

创新要素是文化创意产业集群得以形成的最基本的条件，离开了创新，文化创意产业就失去了其最基本特性，更是无法形成集群效应。荷兰经济事务部对创新的定义是：创新就是更新，以产品、服务、程序或者组织的形式表现。企业中创新的本质在于把知识转化为收益。创新可以带来可持续的经济增加值，并且对知识的探索可以解决社会瓶颈问题。传递和应用现有的知识，在文化创意产业中尤其重要。创新是人类的工作，但是这不仅仅需要技术的进步，还需要融合其他很多因素，如经营管理、物流和营销。

可以看出，创新不只是研究和开发，或者是技术，它包含了整个知识链：从知识的开发到知识的传递、应用，再到以新产品、服务和版税的形式产生收益。创新通常是在与人互动的过程中产生，并作为整个产业系统的一部分存在。越来越多的人参与到创新当中，进而形成一种新的产业——文化创意产业，整个产业的不断创新吸引更多的人、企业及各种机构参与其中，逐渐形成集群化效益。因此，创新要素对于文化创意产业的集群化是起到最基础的动力作用。

二、创意环境因素

影响文化创意产业集群的创意环境因素包括几种不同的环境：文化环境、社会环境和地域环境。文化环境指的是文化创意产业集群的产生与当地的文化传统和文化氛围密切相关，不同特色的文化资源决定着区域的文化功能；社会环境指的是社会心理环境以及传统对文化创意产业集群产生的包容或鼓励；而地域环境指的是文化创意产业对于知识的获得和传播的有效性需要一定的地域范围，这有利于集群内不同企业主体之间交易创意产品和服务。

（一）文化环境因素

一个有利于文化参与的社会环境，能促使新意念的诞生与表达，所以从广义的角度来说，有利于文化参与的社会环境能够提高创造力。这里的文化环境，就是在日常生活中与文化、艺术和创意有关的特定的活动和特质，主要表现在三个方面：一是公共部门与企业对以资源来支持文化艺术发展的承诺；二是在创造力、艺术、艺术教育和知识产权保护方面形成的文化规范与价值的衡量；三是在社区里的文化参与程度和范围。

北京文化创意产业集群的形成与个性品牌的构建和区域性人文环境有密切的关联性，历史传承和人文环境氛围为创意产业的集聚奠定了文化资本，文化创意产业集群能提高创意产业内部的文化认同度和由此增加文化资本。第一，创意产业集群大都位于都市，而都市文化一般具有多元文化融合的特点，而文化的融合在某种意义上就是文化的认同度较高。第二，集群本身会形成一种集群文化，即集群共同的语境、价值观念、道德观念、时尚观念、做事准则和做事风格等，集群文化实质上就是集群创意业者的一种文化认同。

知识密集型产业的集群，其重要的文化环境就是指轻松的交流环境。因为创意主要来自于日常交流、生活习惯过程中人们观点、思路火花的碰撞，所以类似于硅谷下午茶的轻松惬意的生活环境必不可少。虽然它已经被人们称为硅谷特色的文化氛围，其实它是任何一种知识密集型的产业集群所必需的文化氛围。这也是由文化创意产业集群不同于传统产业集群的表现而决定的，文化创意产业集群是包含工作环境和生活环境在内的，从这一点而言，它就具有了实现硅谷氛围的得天独厚的先决条件。在创意个体日常的学习、交易过程中，因为生活环境与工作环境的贴近，天生地限制了交易者的机会主义，提高了人们对有用信息的掌握，也有利于创意个体实力的提高。

（二）社会环境因素

社会环境因素指的是网络和联系、信任、共同规则等，对于创造学习环境、提高产品创新或过程创新中的知识转换至关重要。技术和人才是文化创意产业集群中不可缺少的资产，但是一个地区是否拥有能够吸引、动员和维持创意的社会环境同样重要。社会环境因素中如信任、互惠互利、合作性和丰富的社会网络等，都有助于促进文化创意产业集群内部创意个体和企业的蓬勃发展。

社会环境以习俗、习惯等形式首先影响人们的价值取向，并进而影响人们的经济活动。文化创意产业集群是一个复杂的企业网络体系，其中企业之间的物质和非物质联系仅靠正式制度来维系是远远不够的，因为正式制度的执行成本一般都较大，形式不够灵活，无法穷尽一切可能的行为。适宜的社会环境可能会激励人们勇于冒险、不断进取、积极创业；也可能会创造出信任与承诺共存的区域氛围，这可避免协作中的机会主义倾向，降低逆向选择与道德风险发生的频率，降低交易成本，强化企业合作等。

（三）地域环境因素

从外部环境来看，文化创意产业集群大多数选择比较发达的城市开始形成，除了发达城市具有更加完善的文化创意基础设施和具备了消费文化创意产品和服务的经济实力外，其地理位置的优越性和便利性也是影响文化创意产业集群形成的重要因素。

另外，区域性的产业发展基础也是文化创意产业集群形成的先天条件。上海、北京等地创意产业集群的形成与个性品牌构建与区域性传统产业集群的产业构成有密切的关联性，区域性传统产业集群是创意产业的知识产权转化基础，是将创意产业的产品直接进行产业化的先决条件。

三、制度资本因素

制度资本主要指提供文化创意产业集群发展背景的社会条件，它确定了其他资本的分配及运用情况，表现在法律制度、贪污程度、表达意见的自由、资讯及通讯科技的基础建设、社会及文化的基础建设、社区设施、金融架构、企业化等一系列因素。从理论上而言，文化创意产业集群内包含了创意个体的工作环境和生活环境，既是文化生产的地方，又是文化消费的地方。如此广泛的内容需要政府的积极参与和协调，通过制度和政策，将创意人员、公共代理机构、基金来源和私人部门有机联系起来，以开发更多的文化创意。尤其当前，文化创意产业的集聚不再局限为集中连片的空间形状，特别是在产业链、服务链、供应链的共同支配下，在现代信息技术和物流服务的支撑下，功能需求的满足成为集聚的首要决定因素，团簇式和走廊式的空间集聚形态印证的即是这一特征。在新形势下，制度资本能够引导不同类型文化创意产业的功能区域的互补、错位发展，在不同区域形成集群特色，避免产业的盲目集聚。

诺斯是对制度经济学研究做出巨大贡献的学者之一，他给出了“制度”的经典定义：制度是一个社会的游戏规则，更规范地说，它们是为决定人们的相互关系而人为设定的一些制约。进一步，诺斯将制度分成正式制度和非正式制度，其中，正式制度包括法律、组织的章程规则等，而非正式制度包括习俗、道德、文化等内容。关于制度的作用，诺斯指出，“制度在一个社会中的主要作用是通过建立一个人们相互作用的稳定的结构来减少不确定性”，“制度功能中的一个实质性部分就是确定犯规和惩罚严厉性的成本”等①。

正式制度对文化创意产业集群的影响是直接而具体的。一方面，正式制度可规范政府行为，明确企业运营机制，增强集群的理性预期。从制度产生的外在表现形式看，政府往往是制度的供给者，其通过制定各种政策、法规来规范市场主体的运营机制。实践表明，制度的透明性、公正性、开放性、执法的严厉性是影响区域产业发展乃至经济发展的重要因素之一。有效的制度可以减少政府部门无效的行政程序，提高其办事效率，降低政府及其官员寻租的发生频率；可以使各项可预见的成本、费用进入企业经营者的视野，提高项目评估的效果，从而使文化创意产业集群更具理性。因此，规范的市场运行制度可以促进文化创意产业集群的产生和良性发展。另一方面，政府可通过对文化创意产业集群优惠政策的制度供给，增强文化创意产业集群的吸引力和竞争力。无论文化创意产业集群初创采取自发形式、政府推动形式或是自发与政府推动的联合作用形式，其后期的成长和成熟都离不开政府倾斜性的财政支出政策或优惠的税收政策。这些政策可大大降低创意个体和企业的外在成本，提高文化创意产业集群内个体和企业的收益率。

（张京成，中国创意产业研究中心主任、研究员）

① 道格拉斯．C．诺斯．制度、制度变迁与经济绩效［M］．刘守英，译．上海：上海三联书店出版，1994.

第十五章
北京 CBD 功能区文化创意产业集群成因研究

近年来文化创意产业集聚区迅速兴起，已经初步形成环渤海地区、长三角、珠江三角洲三大文化创意产业带，京沪杭深等地的 CBD 目前已成为发展文化创意产业集群的重要据点。这些集群均有着类似的发展成因，也面临着相似的发展问题。本文以北京 CBD 功能区为例，在简述文化创意产业集群发展特点的基础上，扼要分析其发展成因，以资借鉴。

一、文化创意产业集群发展特点简析

北京 CBD 功能区目前已初步形成 CBD 国际传媒（北京 CBD 地区）、民俗文化（潘家园古玩艺术品交易园、高碑店民俗文化园区）和时尚休闲（朝阳公园、三里屯酒吧街、北京欢乐谷）三类创意产业集群。在当前全球金融危机发展态势下，文化创意产业集群发展迅速，逆势增长。综合来看，包括北京 CBD 在内的文化创意产业集群具有以下内在性特点。

（一）集群发展具有区位性、根植性

服务业集群高度依赖于城市经济发展所缔造的经济基础、社会结构、产业网络、人才积聚等基础条件。北京 CBD 功能区内的国际传媒创意集群，以北京市 3000 年悠久的建城史和 850 年建都史为发展背景，具有独特的东方艺术氛围、开放的文化元素、多元的城市文化气质及宽容的城市文

化态度，对于创意灵感的迸发具有重要意义，是创意企业繁荣发展的基础。在充分的市场经济条件下，浓郁的城市文化氛围和创意环境会主动与市场相结合，促成文化创意产业集群的形成与发展，进而增强集群的根植性。

（二）集群生产具有关联性、科技性

创意产品的消费带有极强的主观性色彩，并且由于创意产品的消费者直接参与或与生产者发生关联从而具有很强的关联性。CBD 功能区潘家园古玩艺术品和高碑店民俗文化品的创造，既要具备厚实的文化底蕴，符合消费者的收藏品位，又要具备一定的科技文化含量，代表当时艺术品或民俗文物制造的最高水平。此外，文化创意产业本身就包含着丰富的智力和科技内涵，科学技术的进步也使得文化创意产业集群更多地渲染上了时代发展的印迹和文明传承的脉络。

（三）集群创造具有创新性、风险性

文化创意产品的创造与开发过程需要付出大量时间、精力、财力和创造者知识、能力的积累。“难开发、易复制”使得文化创意产品的创造活动既具有创新性又带有更大的风险性。此外，文化创意产业在集群区域内又具有明显的个性化、分散化作业方式等“后工业化”特点，这就要求我们必须根据文化创意产业集群的自身特点和内在规律，为其发展营造宽松民主、包容失败、支持探索的社会氛围和环境。

二、北京 CBD 功能区文化创意产业集群发展成因分析

（一）合适的地理区位是文化创意产业集群形成发展的坚实基础

随着城市绿化带改造和奥运会的举办，北京 CBD 功能区农村城市化、城市现代化和区域国际化的进程不断加快，具备地域空间。其次，产业结构优化升级以后，原区域留下大量老厂房，具有浓郁的文化色彩和工业特征。如原七星集团 798 厂房由东德援建，目前是世界上唯一具有包豪斯风

格的建筑群落；望京酒厂具有浓郁的酒文化生产特色，适合艺术家根据自己的需要进行装饰，也适合艺术推介机构进行艺术品展览展示和现场推广活动，具有世界性的艺术交流渠道和氛围；首都机场为人们出行提供了便利条件。

（二）广阔的资源市场给文化创意产业集群提供了后台支持

其一，北京有60%以上的外国商社、3000多家外国公司以及167家国际新闻机构，除俄罗斯、卢森堡以外的所有外国驻华使馆都设在北京CBD功能区，形成了大量的涉外资源，为北京CBD功能区文化创意产业集群的发展提供了国际资源，激发了传媒创意、古玩民俗、时尚休闲企业类集群的发展。其二，跨国公司、世界500强企业聚集的态势和以金融、保险、证券、咨询中介、IT通讯等现代服务业为主导的产业格局形成了对文化传媒产业发展的有力支撑，而相关的法律、咨询、中介等机构又为文化传媒产品交易、人才交流等提供有效的服务。文化传媒产业能够实现与资本市场较为充分的对接和便捷沟通，在产业、资金、人才等方面可以提供强有力支持。

（三）潜在的消费需求是激发文化创意产业集群的持续动力

从北京CBD功能区文化需求的大环境来看，近年来区域经济总量快速增长，生活水平不断提高，文化需求日益增强。首先，北京CBD功能区中拥有大约30万商务人士、企业白领、社会名人，人口的多元化呈现出文化需求的多样化趋势，存在着巨大的潜在文化消费潜力。其次，从功能区文化需求的独特性来看，经济基础较为深厚，消费需求风格特色鲜明：需求风格紧跟时尚，领先潮流，适合酝酿发展文化创意产业；需求层次瞄准高端、高档商品，具备文化创意产业发展空间；需求环境轻松随意，连接国际市场，含有文化创意产业发展要素。最后，从功能区连接国内外的文化市场发展需求来看，境外需求起到重要作用。

（四）独特的人文环境为文化创意产业集群营造了发展氛围

北京CBD功能区处于资本和文化、历史和现实、国际和国内等多条线路对接的节点，具有较为独特的人文发展环境。其一，中国传媒大学、首都经济贸易大学等高校的知识扩散效应和网络协同创新效应对国际传媒产业的发展起到了重要作用。其二，核心企业引领作用明显。CBD区域内文化传媒、广告企业集群属于轮轴式集群，即围绕中央电视台、北京电视台、凤凰卫视、人民日报等大型机构、大型传媒单位而形成企业集群，包括网络、广告、动漫、音乐、演艺等企业。大型媒体机构起到了集群核的作用。其三，社会环境宽容保证了文化创意企业的持续发展。适宜的指导方针、多元的文化氛围、鲜明的国际化特征、包容的价值取向，使得这一地区具有了文化创意产业集群发展必需的开放性、多样性和宽容性。其四，基础设施较为完善为文化创意企业的发展提供了发展基础。经过多年城市建设，CBD功能区城市绿化带改造和国际化发展进程使得当地的居住环境和人文设施具有国际化、多元化的文化氛围，形成了较为适合文化创意产业发展的肥沃土壤。

（五）适当的政府引导给文化创意产业集群搭建了创意平台

从2005年提出文化创意产业概念以来，北京CBD功能区所在地朝阳区在工作机制、规划引导、政策支撑、公共服务等方面不断改进，为文化创意产业集群的发展搭建了较有成效的发展平台。其一，建立组织工作体系。朝阳区成立了由书记区长亲自挂帅的领导决策机制和由宣传部、发改委、文化委、工商、税务等部门组成的联动推进机制。其二，建立规划引导体系。先后编制完成《“十一五”时期文化创意产业发展规划》、《文化创意产业三年行动计划（2008—2010）》，初步形成了规划引导体系。其三，建立政策支撑体系。系统梳理完成《文化创意产业政策汇编》；根据实际情况制订产业发展政策，如重点产业投资指南、聚集区认定和管理办法、市拨资金监督管理办法等。其四，建立公共服务体系。搭建公共服务平台，包括信息服务平台等；引导相关社会资源搭建融资服务平台等；引导成立产业促进会、商会等中介组织如CBD传媒商会等。

在快速发展的同时，也应看到北京CBD功能区文化创意产业集群目前还存在着价值链效率尚待提高、集群方向尚待明确、集群服务尚待深入、集群效应尚待激发、沟通协商机制尚待形成和集群人才尚待涵养等问题。本文抛砖引玉，希望各地 CBD 文化创意产业的管理部门深入思考产业集群发展的特点和内在发展因素，切合实际地提出发展对策。

（张杰，首都经济贸易大学城市学院副院长、副教授）